Eduard Koschwitz

Neufranzösische Formenlehre nach ihrem Lautstande

Eduard Koschwitz

Neufranzösische Formenlehre nach ihrem Lautstande

ISBN/EAN: 9783743307810

Hergestellt in Europa, USA, Kanada, Australien, Japan

Cover: Foto ©Andreas Hilbeck / pixelio.de

Manufactured and distributed by brebook publishing software (www.brebook.com)

Eduard Koschwitz

Neufranzösische Formenlehre nach ihrem Lautstande

NEUFRANZÖSISCHE FORMENLEHRE

nach ihrem Lautstande

dargestellt

von

E. KOSCHWITZ.

Oppeln und Leipzig.
Eugen Franck's Buchhandlung (Georg Maske).
1888.

Von einer energischen, fortwährend neue Anhänger werbenden und gewinnenden Partei unsrer Unterrichtsreformer wird die Forderung ausgesprochen, dass der fremdsprachliche Unterricht auf phonetischer Grundlage aufzubauen sei und erst von der Erkenntnis der gesprochenen Sprache zur Erlernung der geschriebenen Sprache und ihrer Orthographie fortzuschreiten habe.

Auf die Ausführung dieses Reformvorschlages werden nicht selten Hoffnungen gesetzt, die leicht erkennen lassen, es fehle ihren Vertretern an einer klaren Vorstellung dessen, was sie anstreben.

Andrerseits werden von Gegnern dieser Bewegung Besorgnisse zum Ausdruck gebracht, die nicht minder deutlich verraten, dass auch ihnen der Gegenstand des Streites nicht zu vollem Bewusstsein gelangt ist.

Beiden sich bekämpfenden Lagern wird, so hoffen wir, das hiermit veröffentlichte Büchlein willkommen sein, indem es eine erste Probe abgibt, wie die bald gewünschte, bald gefürchtete phonetische Grammatik der Zukunft beschaffen sein wird.

Auch den Fachgenossen hoffen wir mit dem folgenden Versuch einen Dienst zu erweisen, da er helfen soll, klarere Ansichten von dem Verhältnis zwischen Laut und Schrift innerhalb der neufranzösischen Sprache zu verbreiten und damit die Empfänglichkeit für historische Erklärungen und deren Verständnis zu befördern.

Manchem, der sich mit der Untersuchung neufranzösischer Patois beschäftigt, dürfte es auch lieb sein, die vorhandenen Flexionsreste der Schriftsprache bequem denen der Volksmundart gegenüber stellen zu können.

Im Übrigen mag das Büchlein, das den Schwächen eines ersten Versuches natürlich nicht entgangen ist und für sie eine milde Beurteilung erheischt, für sich selber sprechen.

Greifswald, Dezember 1887.

E. K.

Erklärung der Schriftzeichen.

1. Vokale.

u geschlossenes *u: tout, jour.*
o geschlossenes *o: cône, eau, mot.*
ǫ offenes *o: fort, corps.*
a hohes und tiefes *a: grappe, dame; pas, baron.*
ę offenes *e: succès, bidet, paix.*
ę̄ langes offenes *e: être, maître.*
e geschlossenes *e: été, nez, aimer.*
i geschlossenes *i: ami, finir, île.*
ü geschlossenes *ü: perdu, ruse, rue.*
œ geschlossenes *ö: jeu, meus, jeûne.*
ǫ̈ offenes *ö: cœur, beurre, tilleul.*
ə dumpfes *e*, zwischen *œ* und *ǫ̈* liegend: *je, me, te.*
i̯ halbkonsonantisches *i*, etwas vokalischer als deutsches *j: yole, cabiou.*
u̯ halbkonsonantisches *u: bivouac, quarto.*
ü̯ halbkonsonantisches *ü: suis, équestre.*
õ nasales offenes *o (ǫ): on, rond, oncle.*
ã nasales tiefes *a*, mit Neigung nach *õ: an, enfant.*
ẽ nasales offenes *e (ę) examen, main, simple.*
œ̃ nasales offenes *œ (ǫ̈): brun, parfum, jeun.*

2. Konsonanten.

k (vor *e, i*) und *c* stimmloser (nicht aspirierter) Gaumenverschlusslaut: *camp, curé, sec.*
g stimmhafter (nicht aspirierter) Gaumenverschlusslaut: *fagot, hagard, gnome.*
χ mit Enge zwischen Zungenrücken und mittlerem Gaumen gebildeter stimmloser Reibelaut, ähnlich *ch* in deutschem *ich: y* in *grasseyement, ill* in *feuilleton.*
š zwischen Zungenrücken, vorderem Gaumen und Alveolen gebildeter stimmloser Reibelaut: *ch* in *chaleur, cher, marchand.*
ž dem *š* entsprechender stimmhafter Reibelaut: *j* in *joli, jardin, jurer.*
t stimmloser (nicht aspirierter) linguidentaler Verschlusslaut: *tour, bâtard, peintre.*
d stimmhafter (nicht aspirierter) linguidentaler Verschlusslaut: *douer, vider, monde.*
s stimmloser, zwischen Zungenblatt und Hinterwand der Oberzähne gebildeter Reibelaut: *sou, valse, fils.*
z dem *s* entsprechender stimmhafter Reibelaut: *cousin, rose, gaze.*

mit Verschluss zwischen Zungenspitze und Alveolen gebildeter Seitenlaut: *livre, salir, temple.*
r alveolarer und uvularer Zitterlaut: *routine, adorer, trône.*
p stimmloser (nicht aspirierter) bilabialer Verschlusslaut: *peau, crapaud, cap.*
b stimmhafter (nicht aspirierter) bilabialer Verschlusslaut: *beau, mobile, robe.*
f mit Enge zwischen Oberzähnen und Unterlippe gebildeter, stimmloser Reibelaut: *fois, café, bœuf.*
v dem *f* entsprechender stimmhafter Reibelaut: *voir, avare, brave.*
ñ mediopalatales erweichtes *η* (*η* = *ng* in deutschem *singen*): *ignorant, campagne.*
n dentaler (mit *t-d*-Verschluss gebildeter) nasaler Dauerlaut: *nourrir, chanoine, urne.*
m bilabialer (mit *p-, b*-Verschluss gebildeter) nasaler Dauerlaut: *mou, aimer, rime.*
x = *ks*: *exclure, exposer.*

3. Hilfszeichen.

Ein Bogen ‿ bedeutet, dass nebeneinander stehende Vokale diphthongisch zu sprechen sind: *ai̯* wie deutsches *ai* in Kaiser etc.
' vor anlautendem Vokal bedeutet, dass vor demselben keine Elision oder Bindung stattfindet.
Bindestrich vor Konsonant *(-z, -t, -r* etc.) drückt aus, dass der betreffende Konsonant nur im Falle von Bindung als Anlaut der nächsten Silbe hörbar ist. — Stehen Bindestrich und Konsonant in Parenthese, so findet Bindung nur unter gewissen Bedingungen statt (z. B. bei Verben in Frageform).
- über einem Vokal ist Zeichen einer ausgesprochenen Länge oder von Dehnung.
Ein Apostroph ist für sog. stummes *e* gesetzt, um die durch seinen Ausfall entstehende Pause oder die explosive Artikulation des vorausgehenden Konsonanten hervorzuheben.

4. Bemerkungen.

Die befolgte Transskription musste schon wegen Typenmangel darauf verzichten, ein vollkommenes Bild der Aussprache anzustreben. Auch sollte eine Überladung mit ungewohnten Lautzeichen möglichst vermieden werden, um nicht unnütz abzuschrecken. Darum sind bei den Vokalen Länge, Kürze und halbe Länge nicht geschieden worden; das Längezeichen wurde nur gesetzt, wo ein Unterscheidungsbedürfnis vorlag: *mal-mal (mal-mâle)* u. dgl. Ausserdem wurde langes offenes *ę (ę̄)* von kurzem und halblangem *ę* geschieden, weil manche in ersterem einen verschiedenen, dem *a* näher stehenden Klang vernehmen. — Die Schwierigkeit, die drei verschiedenen Längen mit Sicherheit zu unterscheiden, darf als bekannt vorausgesetzt werden.
Ferner unterblieb die Unterscheidung zwischen hohem und tiefem *a*, wiederum wegen der Willkürlichkeit einer jeden konsequenten Trennung derselben und wegen der Unbestimmtheit ihrer Ansetzung bei den französischen Orthoepisten. Als tiefes *a* ist jedoch jedes entschieden lange *(a)* aufzufassen, als hohes jedes vor mehrfacher Konsonanz befindliche. Freies und durch einfache stimmhafte Konsonanten gedecktes *a* ist zumeist tief; durch einfache stimmlose Konsonanz gedecktes *a* ist zumeist hoch.

Bei den Konsonanten musste auf Unterscheidung implosiver und explosiver Artikulation verzichtet werden. Implosiva ist im Wortauslaut immer zulässig; doch ist wohl zu bemerken, dass daneben reine explosive Artikulation in allen Fällen, wo in gewöhnlicher Schrift ein stummes *e* folgt, mindestens gleichberechtigt ist.

Uvulares und dentales *r* konnten schon deshalb nicht unterschieden werden, weil die wirkliche Aussprache bei ihnen wechselt, wenn auch die uvulare Aussprache durchaus vorwiegt.

Stimmloses *l* und *r, m, n* wurden nicht besonders bezeichnet: sie finden sich gern im Auslaut nach Konsonanz *(tāpl = temple, mętr = maître* etc.) und sonst nach stimmloser Konsonanz, jedoch nirgends konsequent.

Auch die Fälle, wo *u̯* und *i̯* nach stimmlosen Konsonanten zu stimmlosen Gleitern werden, mussten unbeachtet bleiben, da hierbei Gesetzmässigkeit nicht allgemein angenommen wird und schwerlich auch vorhanden ist.

Als eine Inkonsequenz wird man vielleicht *c* neben *k,* und *x* für *ks* tadeln. Die Buchstaben *c* und *x* wurden nur beibehalten, um dem gewöhnlichen Schriftbilde möglichst nahe zu bleiben. Eine irrige Aussprache von *c* und *x* ist durch die Art ihrer Verwendung ausgeschlossen.

Die französischen Bindungsgesetze werden als bekannt vorausgesetzt; es ist daher nicht bei jedem Worte seine Bindungsform angegeben worden. Dieselbe wurde vielmehr nur insoweit berücksichtigt, als bei ihr ein Konsonant zum Vorschein kommt, der vor Konsonant und in Pause auch in anderer Gestalt nicht vorhanden ist.

Auch die Tonhöhe und Tonstärke (Accent) wurden nicht bezeichnet. Die Tonhöhe nicht, weil für ihre Bestimmung noch jegliche Voruntersuchung fehlt, die Tonstärke (Haupttton, Nebenton und Tonlosigkeit) nicht, weil für die beiden schwächeren Accente die Gesetze ihrer Anwendung noch nicht genügend erkannt sind, über die Stellung des Hauptaccents im Worte und des Satzaccents aber nirgends Zweifel entstehen kann. Bei den in der Formenlehre fast nur allein begegnenden Einzelworten fällt, da bei ihnen stummes oder dumpfes Nachton-*e* unbezeichnet bleibt, der Hauptaccent stets auf die letzte Silbe; in den wenigen vorkommenden Satzgliedern trifft der Satzaccent die Hauptaccentstelle des letzten Wortes.

Schliesslich sei darauf hingewiesen, dass die französische Silbentrennung, die anzugeben wir ebenfalls unterlassen mussten, von der deutschen mehrfach abweicht, dass die französischen Vokale und Konsonanten energischer artikuliert werden als die deutschen, und dass die Artikulationsbasis des Französischen vorgeschobener, seine Tonlage im Durchschnitt höher ist als im Deutschen.

Die hervorgehobenen Mängel unsrer Transskription werden somit durch die vorauszusetzende Kenntnis einiger Ausspracheregeln zum Teil wieder behoben. Die übrigen beruhen, soweit nicht Typenmangel den Ausschlag gab, entweder auf dem gegenwärtigen ungenügenden Zustande der wissenschaftlichen Erforschung des französischen Lautstandes, oder auf der Unmöglichkeit, eine vollständige Genauigkeit da zu erreichen, wo es sich nicht um Angabe der Aussprache eines Individuums handelt. Für die Vorführung einer Normalaussprache wird dem Transskribenten stets eine gewisse Unvollständigkeit seiner Angaben gestattet sein müssen.

Auch von uns nicht genannte Transskriptionsmängel werden nicht ausgeblieben sein. Selbst sie können fördernd wirken, wenn sie zu aufklärender Diskussion anregen sollten. Hoffentlich aber werden sie ebensowenig wie die genannten den Hauptzweck der folgenden grammatischen Skizze verhindern, die **Flexionsverhältnisse** der neufranzösischen Schriftsprache in ihren Grundzügen frei von ihrer gewöhnlichen Verdunkelung durch die herrschende Orthographie vorzuführen.

In der Disposition haben wir uns soweit als möglich, natürlich unter Weglassung alles überflüssigen Ballastes, an Lückings Schulgrammatik angeschlossen.

Besserungen.

S. 1, Z. 15 l. *Burgoñ* f. *Bourgoñ*.
S. 2, Z. 10 l. *imn* f. *himn*.
S. 3, § 7 l. *flœ̨v* f. *flœv*.
S. 4, § 11 l. *œ̨i* f. *œi*.
S. 6, § 16 l. *fi̯ęr, amęr* f. *fi̯ęr, amęr*.
S. 7, § 19 Schluss hinter *fręš* füge hinzu: u. a.
S. 13, § 39 l. *sę̨,-t-ǫm-si* f. *sę̨,-t-om-si*.
S. 15, Z. 18 v. u. l. *pęrsǫn* f. *pęrson*.
       Z. 1 v. u. l. *lę-z-ǫtr,-z* f. *lę-z-otr*.
S. 17, Z. 15 l. Muta $+ r$ f. Muta $+ l, r$.
S. 20, § 51, I, 2 l. *ai, ai,-z* f. *ái, ái,-z*. etc.
    ebd. II, 1 l. *'ę̨,-z* und *'ę̨,-t* f. *hę̨,-z, hę̨,-t*.
    § 52 1 β l. *fę̄r* f. *fęr*.
S. 21, Z. 2 u. 3 l. *vǫ̨i, vai, fai* f. *vǫ̨i, rái, fái*.
S. 23, Z. 7 v. u. l. *apsu* f. *apzu*.
S. 24, Z. 5 l. *plęz,-t plez,-t*.
    Z. 12 *ęxclür* f. *exclür*.
    Z. 13 v. u. *cǫ̨i, sai* f. *cǫ̨i, sái*.

I.
Flexible Wortarten.

A. Nomen und Pronomen.
I. Substantiv und Artikel.

1. Genus der Substantiva.

§ 1. Die französischen Substantiva sind entweder **männlich**, z. B. *Gii̯om (Guillaume)*, *pẹ̄r (père)*, oder **weiblich**, z. B. *Bẹrt (Berthe)*, *mẹ̄r (mère)*.

§ 2. Ein **zweifaches** Geschlecht haben ausnahmsweise:

1) **Personennamen**, die eine männliche oder weibliche Person bezeichnen können: *camarad (camarade)*, *ãfã̊,-t (enfant)*, *elẹ̄v (élève)*, *patriọt (patriote)*, *Bẹlž (Belge)*, *Rüs (Russe)* etc.

2) **Substantiva, die mit Veränderung der Bedeutung einen Genuswechsel verbinden**: *ẹgl (aigle)* mask. Adler, fem. Fahnenadler; *vu̯al (voile)* mask. Schleier, fem. Segel; *Bourgọñ (Bourgogne)* fem. Burgund, mask. Burgunder(wein); *šãpañ (Champagne)* f. Champagne, m. Champagnerwein; *āsẹ̄ñ (enseigne)* f. Fahne, m. Fähnrich; *cọrnẹt (cornette)* f. Standarte, m. Standartenträger; *vapọ̈r (vapeur)* f. Dampf, m. Dampfer; *pãdül (pendule)* m. Pendel, f. Penduluhr; *mọd (mode)* m. Modus, f. Mode; *mẹrsi (merci)* f. Dank, m. Gnade; *ẹd (aide)* f. Hilfe, m. Gehilfe; *manọ̈vr (manœuvre)* f. Manöver, m. Handarbeiter; *gard (garde)* f. Wache, m. Wächter; *memu̯ar (mémoire)* f. Gedächtnis, m. Denkschrift, Rechnung.

Hierher gehört auch *žã̊*, Pl. *žã̊(s) (gent, gens)*, ursprünglich Volk, in der Bedeutung Leute. Es ist im Pl. der Regel nach Mask. Doch werden als Fem. mit *žã̊s* verbunden:

    a) zweigeschlechtige Adjektiva: *lẹ vi̯ẹi žã̊s (les vieilles gens)*,

    b) zweigeschlechtige Pronomina unmittelbar vor *žã̊s*: *kẹl* (mit halblangem *ẹ*) *žã̊s (quelles gens)* und vor zweigeschlechtigen Adjektiven: *tut lẹ bọn žã̊s (toutes les bonnes gens)*.

Folgt auf žā(s) eine Bestimmung mit d(ę): žā d-afęr (gens d'affaire) u. dgl., so behalten auch vorstehende zweigeschlechtige Adjektiva und Pronomina die Form des Maskulinums.

3) alte volkstümliche Feminina, die in Erinnerung an das Lateinische Maskulina wurden: amur (amour) Sgl. gewöhnlich m., Pl. f.; fudr (foudre) f., poetisch m.; ęvr f., m. Kunstwerk; ǫrg (orgue) Pl. f., Sgl. m.

Ähnlich: cupl (couple) f., von Personen m.; pāk (pâque) Passah und Pl. = Ostern f.; Sgl. mit Bindungs-z m. = Ostern; delis (délice) Sgl. m., Pl. f.; himn (hymne) f. Hymne, m. Hymnus.

4) Substantiva, welche auch als unbestimmte Pronomina gebraucht werden: pęrsǫn f. Person, m. jemand; šoz (chose) f. Sache; kęlc šoz (quelque chose) etwas ist neutrum.

5) Homonyma verschiedenen Ursprungs: on (aune) m. Erle, f. Elle; livr (livre) m. Buch, f. Pfund; mus (mousse) m. Schiffsjunge, f. Moos; paž (page) m. Edelknabe, f. Seite; pǫst (poste) m. Posten, f. Post; pyal (poêle) m. Ofen, f. Pfanne; suri,-z (souris) m. Lächeln, f. Maus; tur (tour) m. Umkreis, f. Thurm; vaz (vase) m. Gefäss, f. Schlamm; sǫm (somme) m. Schlummer, f. Summe, Last, Somme u. a.

2. Motion der Substantiva.

Das verschiedene Geschlecht von lebenden Geschöpfen wird grammatisch bezeichnet:

§ 3. 1) durch Wörter verschiedenen Stammes: ǫm (homme), fam (femme); toro (taureau), vaš (vache).

§ 4. 2) durch Wörter gleichen Stammes verschiedener Endung: a) vyasē (voisin), vyasin (voisine); lįõ (lion), lįǫn (lionne). — b) mętr (maître), mętręs (maîtresse); tīgr (tigre), tīgręs (tigresse). — c) α) dāsęr (danseur), dāsœz (danseuse), dǫrmęr (dormeur), dǫrmœz (dormeuse) u. s. w. regelmässig bei Erbwörtern. — β) baięr (bailleur), bai(χ)ręs (bailleresse); āšātęr (enchanteur), āšātręs (enchanteresse); pešęr (pécheur), pešręs (pécheresse); vāžęr (vengeur), vāžręs (vengeresse); defādęr (défendeur), defādręs (defenderesse). — Die Femininendung -œz (-euse) liegt im Kampf mit der älteren -ręs in pęšęr (pêcheur), f. pęšœz (pêcheuse) und pęšręs (pêcheresse); šasęr (chasseur), f. šasœz (chasseuse) und poetisch šasręs; vādęr (vendeur), f. vādœz (vendeuse) und vādręs (venderesse); ferner in dęvinęr (devineur) und d(ę)mādęr (demandeur), wo die Feminina d(ę)vinręs und dęmādręs auf eine besondere Bedeutung (Prophetin und Klägerin) eingeschränkt worden sind. — γ) āpręr (empereur), ēperatris (impératrice); prociręr (procureur), prociratris (procuratrice); šantęr (chanteur), cātatris (cantatrice) Opernsängerin. Die Femininbildungen sind hier gelehrten Ursprungs. — ε) Lehnwörter auf -tœr (-teur) haben ein Fem. auf -tris (trice): creatœr (créateur), creatris (créatrice); actœr (acteur), actris (actrice) etc.; auch ābasadœr (ambassadeur), ābasadris (ambassadrice).

3) durch ein Wort: a) mit verschiedenem Geschlecht: camarad m. und f. etc.; b) mit gleichem Geschlecht: α) bei Personennamen: ǫratœr (orateur) m. Redner und Rednerin; defāsœr (defenseur) m. Vertheidiger und Vertheidigerin; ebenso bei allen Lehnworten auf -sœr: (lat. -sor), ausgenommen expülsœr (expulseur), f. expültris (expultrice); bei ecrivē (écrivain) m.; pētr (peintre) m., temu̯ē (témoin) m., žüž (juge) m. etc. — β) bei Tiernamen: šamo (chameau) m., rẹn (renne) m.; pātȩ̄r (panthère) f., suri,-z (souris) f. etc. Soll bei Tiernamen das Geschlecht besonders unterschieden werden, so hilft man sich mit substantivischem oder adjektivischem māl (mâle) und fẹmẹl (femelle): ǣ srē māl (un serin mâle), ǣ srē fẹmẹl (un serin femelle); lẹ māl dü rẹn (le mâle du renne), la fẹmẹl dü rẹn (la femelle du renne).

3. Genus des Artikels.

1) Bestimmter Artikel:
Sgl. Mask. l(ẹ): l(ẹ) frēr (le frère),
Fem. la: la sœr (la sœur).
Vor Vokalen und Halbvokalen l-, das als Anlaut des nächsten Wortes gesprochen wird, für Mask. lẹ und Fem. la:
Mask. l-ǫr (l'or), l-ǫm (l'homme)
Fem. l-o (l'eau), l-ü̯ile (l'huile).
Pl. Mask. und Fem. vor Kons. lẹ, vor Vok. lẹ-z (les).

2) Der unbestimmte Artikel:
Sgl. Mask. vor Kons. ǣ (un): ǣ flœv (un fleuve),
vor Vokal: œ̣-n : œ̣-n-ami (un ami), nach manchen auch ǣ-n oder ü-n : ǣ-n-ami; ü-n-ami.
Fem. ün (une): ün vil (une ville); ü-n amī (une amie).

4. Numerus.

Die Einzahl und die Mehrzahl werden nur dann geschieden, wenn das in der Mehrzahl stehende Substantiv mit einem folgenden, vokalisch anlautenden Worte gebunden werden muss. In diesem Falle ertönt nach dem Plural des Substantivs ein (als Anlaut des folgenden Wortes gesprochenes) z. Also:
Sgl. ami.
Pl. ami, bei Bindung ami-z.
Ebenso: Sgl. fam (femme)   žœ (jeu)
Pl. fam, fam -z   žœ, žœ-z u. s. w.

9. Ausnahmen bilden: 1) die männlichen Substantiva auf *al*, deren Plural auf *o* (bei Bindung *o-z*) ausgeht:
Sgl. *šval (cheval)* *metal* *mal*
Pl. *švo,-z* *meto,-z* *mo,-z*.
Bei Lehnworten findet diese Umbildung nicht statt. So nicht bei Sgl. *bal*, Pl. *bal,-z*; bei *cal, bǫcal, carnaval, žacal (cha-), nǫpal, pal, regal (ré-); carǫcal, narval, sęrval* u. a.

10. 2) folgende Substantiva auf *ai̯*, die ebenfalls einen Plural auf *o, o-z* bilden:
Sgl. *bai̯ (bail)* *cǫrai̯ (corail)* *emai̯ (émail)* *plümai̯ (plumail)*
Pl. *bo,-z* *cǫro,-z* *emo,-z* *plümo,-z*.
Ebenso: *supirai̯ (soupirail)* und *vătai̯ (vantail)*, auch veraltetes *vitrai̯ (-ail)*. Zu *betai̯ (bétail)* lautet der einer französischen Mundart entlehnte Plural *bęstịo,-z (bestiaux)*. — Die übrigen Substantiva auf *ai̯* folgen der allgemeinen Regel.

11. 3) einige Substantiva mit doppeltem Plural: *travai̯ (travail)*, Pl. *travai̯,-z*, und *travo,-z*; *ai̯ (ail): ai̯,-z, o-z*; *si̯ęl (ciel): si̯ęl,-z, si̯œ,-z*; *ai̯œl (aieul): ai̯œl,-z, ai̯œ,-z*; *œi̯ (œil): œi̯ (dę bœf), i̯œ,-z (yeux)*, bei denen die letzteren abweichenden Bildungen die ursprünglichere Form und Bedeutung besitzen.

4) die Substantiva *œf (œuf)* und *bœf (bœuf)*, deren Plurale *œ,-z* und *bœ,-z* lauten.

12. Eine Unterscheidung findet auch bei Bindung zwischen Singular und Plural nicht statt:
a) bei den Substantiven, die auf *s* ausgehen: *fis (fils) mars* etc.;
b) bei den Substantiven, die im Falle der Bindung bereits im Singular ein *-z* hören lassen: *mya,-z (mois), ne,-z (nez), nya,-z (noix)* etc.;
c) bei nicht eingebürgerten Fremdwörtern, die im Plural auch bei Bindung kein *-z* annehmen: *alelüi̯a (alleluja), pǫstscriptǫm (postscriptum)* etc.;
d) bei Personennamen, die, wenigstens für gewöhnlich, keine Bindeform mit *-z* im Plural kennen: *lę dœ Rasin (les deux Racine)* u. dgl.

Zusammengesetzte Worte.

13. Die echten Komposita werden behandelt wie einfache Substantiva: Sgl. *mažǫrdom (majordome)*, Pl. *mažordom,-z*; Sgl. *plafõ (plafond)*, Pl. *plafõ,-z* etc.

14. Unechte Komposita behandeln ihre Bestandteile, wie dieselben ausserhalb der Zusammensetzung behandelt werden müssten. Demnach lautet bei Verbindung von Substantiv und attributivem Adjektiv z. B.:

Sgl. bęl-ęspri (bel-esprit) Pl. bo-z-espri,-z (beaux-esprits)
žāti-i̭-ǫm (gentilhomme) žāti-z-ǫm,-z (gentilshommes) etc.
Bei Substantiv + appositionellem Substantiv:
Sgl. šęf-li̭œ (chef-lieu) Pl. šęf-li̭œ,-z (chefs-lieux)
mẹ̄tr-otęl (maître autel) mẹ̄tr-z-otęl,-z (maîtres autels)
Bei den unechten Komposita, die aus Substantiv + abhängigem Substantiv bestehen und bei denen das regierende Substantiv pluralisiert werden müsste, ist der Plural gewöhnlich nicht bemerkbar:
Sgl. u. Pl. vęr-a-sṷa (ver-à-soie, vers-à-soie),
Sgl. u. Pl. arc-ā-si̭el (arc-en-ciel, arcs-en-ciel),
Sgl. u. Pl. chędœvr (chef-d'œuvre) u. a.
Unechte Komposita, bestehend aus Präposition + Substantiv, werden wie einfache Worte behandelt:
Sgl. avā-gard (avant-garde), Pl. avā-gard,-z;
Sgl. avā-curœr (avant-coureur), Pl. avā-curœr,-z. etc.
Unechte Komposita, bestehend aus einer adverbialen Bestimmung oder aus Imperativ + Substantiv oder Imperativ + Adverb oder aus zwei Verbalformen, sind unveränderlich: Sgl. u. Pl. 'ǫr-d-œvr (hors d'œuvre), pǫrt-mǫnę (porte-monnaie), pas-partu (passe-partout), caš-caš (cache-cache) etc.

Ersatz der Kasusformen. § 15.

Nominativ und Akkusativ werden durch die Wortstellung unterschieden. Zum Ersatz des Genitivs und Ablativs bedient man sich der Präposition d(ę) (de), vor Vokal d- (d'); zum Ersatz des Dativs der Präposition a (à). Demnach ergeben sich als Paradigmata:

Singulare:

N.	Pǫl (Paul)	œ̃ fis (un fils)	ün fi̭ (une fille)
G.	d(ę) Pǫl	d-œ̃ fis	d-ün fi̭
D.	a Pǫl	a œ̃ fis	a ün fi̭
A.	Pǫl	œ̃ fis	ün fi̭
	la sœr (sœur)	l-ami (l'ami)	lę frēr
	d(ę) la sœr	d(ę) l-ami	dü frēr
	a la sœr	a l-ami	o frēr
	la sœr	l-ami	lę frēr.

Plurale:

N.	lę sœr,-z (les sœurs)	lę-z-ami,-z (les amis)	lę frēr,-z (les frères)
G.	dę sœr,-z	dę-z-ami,-z	dę frēr,-z
D.	o sœr,-z	o-z-ami,-z	o frēr,-z
A.	lę sœr,-z	lę-z-ami,-z	lę frēr,-z.

Mit dem nicht elidierten bestimmten Artikel verbindet sich, wie aus den vorstehenden Paradigmen ersichtlich, *de̥ l(e̥)* zu *dü (du)*, *a l(e̥)* zu *o (au)*, *d(e̥) le̥,-z* zu *de̥,-z (des)*, *a le̥,-z* zu *o,-z (aux)*.

§ 16. **II. Adjektiv.**

1. Genus.

Die meisten französischen Adjektiva sind eingeschlechtig. Insbesondere alle vokalisch auslautenden: *žo̥li (joli,-e)*, *ēženil (ingénu,-e)* etc., und sehr viele konsonantisch ausgehende: *šast (chaste)*, *o̥nẹ̄t (honnête)*, *pāl (pâle)*, *povr (pauvre)*, *fasil (facile)*, *sivil (civil, e)*, *püblic (public, que)*, *grẹc (grec, grecque)*, *prefix (préfix,-e)*, *fie̥r (fier,-ère)*, *ame̥r (amer,-ère)* etc.

Andere Adjektiva bilden eine besondere Femininform:

§ 17. 1) Mit einfacher Veränderung: a) durch Konsonantenhinzufügung: *fre̥,-š (frais, che)*, *'o,-t (haut, te)*, *ne̥,-t (net, tte)*, *concre̥,-t (concret, ète)* etc.; *cya,-t (coi, te)*, *favori,-t (favori, te)*; *tie̥r,-s (tiers, ce)*, *epe̥,-s (épais, sse)*, *exprẹ,-s (exprès, esse)*, *profe̥,-s (profès, sse)*, *ru,-s (roux, sse)*, *du,-s (doux, ce)* etc.; — b) durch Veränderung des auslautenden Konsonanten: *sẹc, sẹš (sec, che)*; — c) durch Dehnung des Tonvokals: *mo̥rtel (mortel, lle)*, *pür (pur, e)*, *pare̥i (pareil, lle)* etc.; — d) durch Veränderung des auslautenden Vokals: *vie̥, vie̥i*.

§ 18. 2) Mit mehrfacher Veränderung: a) durch Vokaldehnung und Konsonantenhinzufügung: *grã,-d (grand, de)*, *frã,-š (franc, che)*; *blã,-š (blanc, che)*; *cõtã,-t (content, te)*; *lõ,-g (long, ue)*; *o̥blõ,-g (oblong, gue)*; *fräse̥,-z (français, se)*, *žalu,-z (jaloux, se)*, *œrœ,-z (heureux, se)*, *ba,-s (bas, sse)*, *gra,-s (gras, sse)*, *la,-s (las, sse)*, *gro,-s (gros, sse)*, *žãti,-i̥ (gentil, lle)*. In den Femininen zeigt hier überall der Vokal entschiedene Länge. — b) durch Vokaldehnung und Konsonantenveränderung: *atãtif, iv (attentif,-ve)* etc.; — c) durch Vokalverkürzung und Konsonantenhinzufügung: *ve̥r, ve̥rt (vert, te)* etc.; *mo̥r, mo̥r,-t (mort, te)* etc.; — d) durch Vokalveränderung und Konsonantenanfügung: *fẽ, fin (fin, ne)*; *benē, beniñ (bénin, gne)*, ebenso *malē (malin)*; *otē, otẹ̄n (hautain, e)*; *brã̄, brün (brun, ne)*; *cretiē, -ie̥n (chrétien, nne)*; *bõ, bo̥n (bon, nne)* und entsprechend bei allen auf Nasalvokal ausgehenden Adjektiven; *so, so̥t (sot, te)*; *devo, devo̥t (dévot, te)* etc.; *bo, be̥l (beau, belle)*; *fu, fo̥l (fou, folle)*; *leže,-e̥r (léger, ère)*, *altje,-je̥r (altier, ière)*; — e) durch Veränderung des Tonvokals und des auslautenden Konsonanten: *nœ̄f, nœv (neuf, ve)*.

Findet nach einem männlichen Adjektiv Bindung statt, § 19.
so nimmt es in vielen Fällen die Form des Femininums an,
z. B.: m. bǫ-n (bon), f. bǫn; m. fi-n (fin), f. fin u. dgl.; m. 'ǫ-t
(haut), f. 'ǫt u. ä.; ferner m. žanti-i̯ (gentil), f. žantii̯; m. bẹ-l (bel),
f. bẹl; m. fǫ-l (fol), f. fǫl; m. mǫ-l (mol), f. mǫl; m. nuvẹ-l
(nouvel), f. nuvẹl u. a.

Dem Femininum auf d entspricht bei Bindung ein
Maskulinum auf -t: m. grā-t (grand), f. grād; m. fru̯a-t (froid),
f. fru̯ad etc.; dem Femininum auf g ein Maskulinum auf -c:
m. lō-c (long), f. lōg; m. ǫblō-c (oblong), f. ǫblōg; dem Femi-
ninum auf s ein Maskulinum auf -z: m. ba-z (bas), f. bas;
m. fo-z (faux), f. fos; m. du-z (doux), f. dus; dem Femininum
auf ẹi̯ ein Maskulinum auf ẹ-i̯: m. parẹ-i̯ (pareil), f. parẹi̯;
vi̯œ (vieux) hat in der Bindung die beiden Formen: vi̯œ-z und
vi̯ẹ-i̯, welche letztere dem Femininum vi̯ẹi̯ nahesteht.

Ganz abweichend ist die Bindeform des Mask. in: m.
frẹ-z (frais) neben f. frẹš.

Das Adjektivum grā,-t (grand) besitzt neben seiner gewöhn- § 20.
lichen Femininform grād (grande) in einer Anzahl formelhafter
Verbindungen ein altes Femininum grā (grand'): grā-mẹr (grand'
mère), grā-cru̯a (grand'croix), grā-mẹs (grand'messe) u. dgl.

2. Numerus.

§ 21.
Die Pluralbildung der Adjektiva ist dieselbe wie die
der Substantiva. Auch bei ihnen tritt nur im Falle der Bindung
im Plural ein -z an, soweit dieses nicht schon im Singular vor-
handen ist. Also:

Sgl. povr (pauvre)   Pl. povr,-z
    pür (pur)   pür,-z
    bo (beau)   bo,-z
    blœ (bleu)   blœ,-z etc.

Dagegen Sgl. und Pl. ba,-z (bas), cüri̯œ,-z curieux) u. dgl.

Der Plural wird zu den ausserhalb der Bindung § 22.
gesprochenen Singularformen gebildet. Also Pl. nur mu,-z
(mous) zu Sgl. m. mu (mou) und mǫ-l (mol); Pl. fu,-z (fous) zu
Sgl. fu (fou) und fǫ-l (fol), Pl. nuvo,-z (nouveaux) zu Sgl. nuvo
(nouveau) und nuvẹ-l (nouvel).

Einige Adjektiva mit Mask. auf -al, deren Plural Mask. § 23.
der Regel nach, gleich den männlichen Substantiva auf al, auf
o, o-z und, wenn sie Lehnworte sind, auf al,-z ausgeht, ver-
meiden die Form des Mask. Pl. gänzlich. Es sind durchweg
spät eingeführte Adjektiva gelehrten Ursprungs: fatal, glasi̯al
(glacial), natal, naval u. a.

Komposita.

§ 24. Aus zwei Adjektiven zusammengesetzte Adjektiva folgen in beiden Bestandteilen den allgemeinen Regeln der Feminin- und Pluralbildung:

Sgl. m. *sur-mṷḙ* (*sourd-muet*)   Pl. m. *sur-mṷḙ,-z*
    f. *surd-mṷḙt*   f. *sourd-mṷḙt,-z*
Ebenso: Sgl. m. *tu-pṵisā*   Pl. m. *tu-pṵisā,-z*
        f. *tut-pṵisāt*   f. *tut-pṵisāt,-z* etc.

Aus Adverb und Adjektiv zusammengesetzte Adjektiva verändern nur das Adjektivum:

Sgl. m. u. f. *clęr-sęme* (*clair-semé, ée*) Pl. m. u. f. *clęr-sęme,-z*.

Auch die Komposita von *ne* (*né*) wurden in dieser Weise behandelt: Sgl. *nuvo-ne* (*nouveau-né, -née*); Pl. *nuvo-ne,-z* (*nouveau-nés* und *n.-nées*); ebenso *mǫr-ne* (*mort-né*). *Pręmie-ne* (*premier-né*) und *dęrnie-ne* (*dernier-né*) haben kein Fem.

Komparation.

§ 25. Organische Komparation hat sich aus dem Lateinischen verschleppt in:

Kompar. *męiǫr* (*meilleur*)   zu Pos. *bō* (*bon*)
        pir (*pire*) schlimmer   „   „   *movę* (*mauvais*)
        mṵëdr (*moindre*) geringer „   „   *pęti* (*petit*).

§ 26. In allen übrigen Fällen wird der Komparativ mit Hilfe des Adverbs *plü,-z* umschrieben. Die Umschreibung des Superlativs erfolgt durch Vorsetzung des bestimmten Artikels oder eines possessiven Adjektivs vor den organischen oder umschriebenen Komparativ:

grā (*grand*)   *plü grā* (*plus grand*)   *lę plü grā* (*le plus grand*)
                pir (*pire*)   *lę pir* (*le pire*) etc.

III. Zahlwort.

§ 27.   1. **Grundzahlen.**   2. **Ordnungszahlen.**

1 *ǟ*, bei Bindung *ęn-n* (*ä-n, ü-n*)   *pręmie,-r*, f. *-ięr* (*premier,-ère*)
   (*un*) f. *ün* (*une*)
2 *dœ,-z* (*deux*)   *s(ę)gō,-t*, f. *-d* (*second, de*) oder
                                        dœzięm, m. u. f. (*deuxième*)
3 *trṵa,-z* (*trois*)   *trṵazięm* m. u. f. (*troisième*)
4 *catr* u. *cat* (vor Kons.) (*quatre*) *catrięm* (*quatrième*)
5 *sęc* u. *sę̄,-c* (*cinq*)   *sękięm* (*cinquième*)

6 sis u. si,-z (six) — sizięm (sixième)
7 sęt u. sę,-t (sept) — sętięm (septième)
8 'i̯it u. 'i̯i,-t (huit) — 'i̯iti̯ęm (huitième)
9 nœf u. nœ,-v (neuf) — nœvi̯ęm (neuvième)
10 dis u. di,-z (dix) — dizięm (dixième)
11 'ōz (onze) — 'ōzięm (onzième)
12 duz (douze) — duzięm (douzième)
13 trēz (treize) — trēzięm (treizième)
14 catọrz (quatorze) — catọrzięm (quatorzième)
15 kēz (quinze) — kēzięm (quinzième)
16 sēz (seize) — sēzięm (seizième)
17 di-sęt oder diz-sęt (dix-sept) — di-sętięm oder diz-sętięm (dix-septième)
18 dizi̯it (dix-huit) — dizi̯iti̯ęm (dix-huitième)
19 diznœf (dix-neuf) — diznœvi̯ęm (dix-neuvième)
20 vē,-t (vingt) — vētięm (vingtième)
21 vē-t-e-ǖ (vingt et un) — vē-t-e-ünięm (vingt-et-unième)
22 vēt-dœ (vingt-deux) — vēt-dœzięm (vingt-deuxième)
23 vēt-trua (vingt-trois) — vēt-truazięm (vingt-troizième)
24 vēt-catre (vingt-quatre) — vēt-catrięm (vingt-quatrième)
25 vēt-sē (vingt-cinq) — vēt-sēkięm (vingt-cinquième)
26 vēt-sis (vingt-six) — vēt-sizięm (vingt-sixième)
27 vēt-sęt (vingt-sept) — vēt-sętięm (vingt-septième)
28 vēt-i̯it (vingt-huit) — vēt-i̯itięm (vingt-huitième)
29 vēt-nœf (vingt-neuf) — vēt-nœvięm (vingt-neuvième)
30 trāt (trente) — trātięm (trentième)
31 trā-t-e-ǖ (trente et un) — trā-t-e-ünięm (trente et unième)
32 trāt-dœ (trente-deux) etc. — trāt-dœzięm (trente-deuxième)
40 carāt (quarante) — carātięm (quarantième)
41 carā-t-e-ǖ (quarante et un) — carā-t-e-ünięm (quarante et unième)
42 carāt-dœ (quarante-deux) etc. — carāt-dœzięm (quarante-deuxième)
50 sēcāt (cinquante) — sēcātięm (cinquantième)
51 sēcā-t-e-ǖ (cinquante et un) — sēcā-t-e-ünięm (cinquante et unième)
52 sēcāt-dœ (cinquante-deux) etc. — sēcāt-dœzięm (cinquante-deuxième)
60 suasāt (soixante) — suasātięm (soixantième)
61 suasā-t-e-ǖ (soixante et un) — suasā-t-e-ünięm (soixante et unième)
62 suasāt-dœ (soixante-deux) — suasāt-dœzięm (soixante-deuxième)

70 sųasãt-dis (soixante-dix)   sųasãt-dizję̃m (soixante-dixième)
71 sųasã-t-e-ōz (soixante et onze)   sųasã-t-e-ōzję̃m (soixante et onzième)
72 sųasãt-duz (soixante-douze)   sųasãt-duzję̃m (soixante-douzième)
73 sųasãt-tręz (soixante-treize) etc.   sųasãt-tręzję̃m (soixante-treizième)
80 catr-vē(,-z) (quatre-vingt[s])   catr-vētję̃m (quatre-vingtième)
81 catr-vē-t-ã̈ (quatre-vingt-un)   catr-vē-t-ünję̃m (quatre-vingt-unième)
82 catr-vē-dœ (quatre-vingt-deux)   catr-vē-dœzję̃m (quatre-vingt-deuxième)
83 catr-vē-trųa (quatre-vingt trois) etc.   catr-vē-trųazję̃m (quatre-vingt-troisième)
90 catr-vē-dis (quatre-vingt-dix)   catr-vē-dizję̃m (quatre-vingt-dixième)
91 catr-vē-ōz (quatre-vingt-onze)   catr-vē-ōzję̃m (quatre-vingt-onzième)
92 catr-vē-duz (quatre-vingt-douze) etc.   catr-vē-duzję̃m (quatre-vingt douzième)
100 sã,-t (cent)   sãtję̃m (centième)
101 sã-t-ã̈ (cent un)   sã-t-ünję̃m (cent unième)
102 sã-dœ (cent deux) etc.   sã-dœzję̃m (cent deuxième)
200 dœ-sã(,-z) (deux cent[s])   dœ-sãtję̃m (deux centième)
201 dœ-sã-t-ã̈ (deux cent un)   dœ-sã-t-ünję̃m (deux cent unième)
202 dœ-sã-dœ (deux cent deux)   dœ-sã-dœzję̃m (deux cent deuxième)
300 trųa-sã(,-z) (trois cent[s])   trųa-sãtję̃m (trois centième)
1000 mil (mille, mil)   milję̃m (millième)
1001 mi-l-ã̈ (mille un)   mi-l-ünję̃m (mille unième)
2000 dœ-mil (deux mille)   dœ-milję̃m (deux millième)
2001 dœ-mi-l-ã̈ (deux mille un) etc.   dœ-mi-l-ünję̃m (deux mille unième) etc.

§ 28. Die Zahlen von 5—10 verlieren ihren auslautenden Konsonanten vor folgendem anlautendem Konsonanten nur, wenn ein Multiplikationsverhältnis vorliegt. Nicht aber in Fällen wie: lę sēc mę (le cinq mai), sēc pur sã (cinq pour cent) u. dgl.

Man beachte die Einschiebung der Konjunktion e (et) in den Zahlen 21, 31, 41 etc. und deren Weglassung in 81 (catr-vē-t-ã̈), 101 (sã-t-ã̈) und 1001 (mi-l-ã̈).

Vollständig durchflektiert wird von den Grundzahlen nur ę̃, f. ün, Pl. ę̃,-z, ün,-z (un, une; uns, unes).

Catr-vē (80), dœ-sā (200), truą-sā (300) etc. nehmen Bindungs-z nur an, wenn sie attributiv unmittelbar vor Substantiv stehen: catr-vē-z-ǫm (quatre-vingts-hommes), dœ-sā-z-ǫm (deux cents hommes). Mil (mille) besitzt im Plural kein Bindungs-z.

Die Ordnungszahlen werden, mit Ausnahme von prę̃mie § 29. (premier), [ünįę̃m (unième)] und sęgō (auch zgō, second), aus den Grundzahlen abgeleitet, indem an deren Bindungsform die Endung įę̃m (ième) antritt. Bei catrįę̃m (quatrième) verlangt tr ein zweisilbiges įę̃ statt įę̃ nach sich. Lange Tonvokale der Grundzahlen werden verkürzt (mittelzeitig), weil sie vortonisch werden: trę̄z : trę̣zįę̃m; ebenso bei sę̄z, ōz, duz, catǫrz, kēz, trāt etc.

Eine besondere Femininform haben von den Ordnungszahlen nur prę̃mįe,-r (premier), -įę̃r (-ière) und sęgō,-t (second), sęgōd (seconde).

3. Die übrigen Zahlwörter.

Die Zahladverbien werden von den Ordnungszahlen § 30. abgeleitet, indem die Adverbialendung mā (ment) an ihre mit verkürztem Tonvokal gesprochene Femininform antritt: prę̃mįęrmā (premièrement), sęgōdmā (secondement). Bei dem Zusammentritt der Endung įę̃m (ième) mit dem Suffix mā (ment) ertönt zwischen den beiden m ein schwaches ę: truąsįę̃m'mā (troisièmement), catrįę̃m'mā (quatrièmement) etc. Daneben werden die Latinismen: primo 1°, sęgōdo (2°, secundo), tęrsįo (3°, tertio), cuąrto (4°, quarto) etc. gebraucht.

Die Multiplikativzahlen sind: sē̄pl (simple), dubl (double), § 31. tripl (triple), cuądrüpl (quadruple), cüę̃tupl (quintuple), sę̄xtüpl (sextuple), decupl (décuple), sātüpl (centuple). Dazu mültipl (multiple). Die übrigen sind ungebräuchlich und werden durch sę fuą-z-otā (sept fois autant), 'üi fuą-z-otā (huit fois autant) etc. ersetzt, was öfter auch bei den angeführten Multiplikativen geschieht.

Substantivisch finden sich lę sē̄pl (le simple), lę dubl § 32. (le double) etc. Zahlsubstantiva sind ausserdem die Bruchzahlen ę̃ dę̃mi (un demi), ę̃ tįę̄r (un tiers), ę̃ car (un quart), ę̃ sēkįę̃m (un cinquième), ę̃ sizįę̃m (un sixième) etc.; ferner die Substantiva milįō (million), bilįō (billion), trilįō (trillion) etc., milįar (milliard) und die Ableitungen auf -ę̄n (-aine): 'üitę̄n (huitaine), dizę̄n (dizaine), duzę̄n (douzaine), kēzę̄n (quinzaine), vētę̄n (vingtaine), trātę̄n (trentaine), carātę̄n (quarantaine), sēcātę̄n (cinquantaine), suąsātę̄n (soixantaine), sātę̄n (centaine).

IV. Pronomina.

§ 33.

1. Personalpronomen.

a) Tonloses Personalpronomen.

Singular.

	1. Pers.	2. Pers.	3. Pers.		
			m.	f.	neutr.
Nom.	ž(e̦), ž- (je, j')	tü (tu)	il,	e̦l (elle)	(il)
Dat.	m(e̦), m- (me, m')	t(e̦), t- (te)	lu̯i (lui)		
Akk.	m(e̦), m- (me, m')	t(e̦), t- (te, t')	l(e̦), l- (le, l')	la, l- (la, l')	l(e̦), l- (le, l').

Plural.

Nom.	nu,-z (nous)	vu,-z (vous)	il,-z (ils)	e̦l,-z (elles)
Dat.	-nu,-z (nous)	vu,-z (vous)	læ̦r (leur)	
Akk.	nu,-z (nous)	vu,-z (vous)	le̦,-z (les).	

Dieselben Formen werden reflexiv gebraucht. Nur die 3. Person besitzt eine eigene reflexive Form für Dativ und Akkusativ: s(e̦), s- (se, s').

§ 34.

b) Betontes Personalpronomen.

Singular.

	1. Pers.	2. Pers.	3. Pers.	
			m.	f.
Nom. Akk.	my̆a (moi)	ty̆a (toi)	lu̯i (lui)	e̦l (elle).

Plural.

| Nom. Akk. | nu,-z (nous) | vu,-z (vous) | œ,-z (eux) | e̦l,-z (elles). |

Das betonte Reflexivum der dritten Person lautet sy̆a (soi).

2. Possessivpronomen.

§ 35.

a) Tonloses Possessivpronomen.

1. Pers.   2. Pers.   3. Pers.

α) in Beziehung auf einen Besitzer (Besitzerin):

Sgl. m. mõ, mo̦-n [mõ-n] tõ, to̦-n [tõ-n] sõ, so-n [sõ-n]
(mon) (ton) (son)
f. ma ta sa
Pl. m. und f. me̦,-z (mes) te̦,-z (tes) se̦,-z (ses).

β) In Beziehung auf mehrere Besitzer (Besitzerinnen):

Sgl. no̦tr, no̦t (notre) ro̦tr, ro̦t (votre) læ̦r (leur)
Pl. no,-z (nos) vo,-z læ̦r,-z (leurs).

— 13 —

Vor Vokal wird statt *ma, ta, sa* die gebundene Form des Maskul. gebraucht: *mǫ-n-ām* (*mon âme*), *tǫ-n-arive* (*ton arrivée*), *sǫ-n-epe* (*son épée*) etc.

b) Betontes Possessivpronomen. § 36.

1. Pers.   2. Pers.   3. Pers.

α) In Beziehung auf einen Besitzer (Besitzerin):

Sgl. m. *lę mi̯ē, mi̯e-n*   *lę ti̯ē, ti̯e-n [ti̯ē-n]*   *lę si̯e, si̯e-n*
      [mi̯ē-n] (*le mien*)   (*le tien*)   *[si̯ē-n]* (*le sien*)
   f. *la mi̯en* (*la mienne*)   *la ti̯en* (*la tienne*)   *la si̯en* (*la sienne*)
Pl. m. *lę mi̯ē,-z* (*les miens*)   *lę ti̯ē,-z* (*les tiens*)   *lę si̯ē,-z* (*les siens*)
   f. *lę mi̯en,-z* (*les miennes*)   *lę ti̯en,-z* (*les tiennes*)   *lę si̯en,-z* (*les siennes*).

β) In Beziehung auf mehrere Besitzer (Besitzerinnen):

Sgl. m. *lę notr* (*le nôtre*)   *lę votr* (*le vôtre*)   *lę lœr* (*le leur*)
   f. *la notr* (*la nôtre*)   *la votr* (*la vôtre*)   *la lœr* (*la leur*)
Pl. m. und f. *lę notr,-z* (*les nôtres*)   *lę votr,-z* (*les vôtres*)   *lę lœr,-z* (*les leurs*).

3. Demonstrativpronomen (Determinativum).

a) Tonloses.   § 37.

Sgl. m. *s(ę), s(ę),-t* (*ce, cet*)   f. *sęt [s(ę)t]* (*cette*)   n. *s(ę)* (*ce*)
Pl. m. u. f. *sę,-z* (*ces*).

b) Betontes.   § 38.

Sgl. m. *s(ę)li̯i, (celui)*   f. *sęl* (*celle*)
Pl. m. *sœ,-z* (*ceux*)   f. *sęl,-z* (*celles*).

Zu den tonlosen und betonten Formen treten auch *si* (*ci*) § 39. und *la* (*là*) hinzu. Diese Partikeln treten beim tonlosen Demonstrativum hinter das von demselben begleitete Substantiv: *sę-t-om-si* (*cet homme-ci*), *sęt-fam-la* (*cette femme-là*), *sę-z-āfā-la* (*ces enfants-là*); dem betonten Demonstrativum folgen sie unmittelbar: *s(ę)lui-si, s(ę)lui-là; sęl-si, sęl-la; sœ-si, sœ-la* (*celui-ci, celui-là; celle[s]-ci, celle[s]-là; ceux-ci, ceux-là*). Neutrum: *s(ę)si*, (*ceci*), *s(ę)la* (*cela*) und *sa* (*ça*).

4. Relativpronomen. § 40.

1) Zweigeschlechtiges.

Sgl. N. Akk. m. *lękel* (*lequel*)   f. *lakel* (*laquelle*)
     G.   *dükel* (*duquel*)   *d(ę) lakel* (*de laquelle*)
     D.   *okel* (*auquel*)   *a lakel* (*à laquelle*)

Pl. N. A. *lęḳęl,-z (lesquels)*   *lęḳęl,-z (lesquelles)*
G. *dęḳęl,-z (desquels)*   *dęḳęl,-z (desquelles)*
D. *oḳęl,-z (aux quels)*   *oḳęl,-z (aux quelles)*.
Das *ę* der Mask. ist kurz, das der Fem. halblang.

2) Kommune (mit Neutrum):

§ 41. Singular und Plural des Maskulinums und Femininums.
N. *ki (qui)*, prädik. *k(ę), k- (que, qu')*
A. *k(ę), k- (que, qu')*
G. *d(ę) ki (de qui)*
D. *a ki (a qui)*.
Neutrum (Singular):
N. *ki (qui)*, prädik. *k(ę), k- (que, qu')*
Akk. *k(ę), k- (que, qu')*. Nach Präp. (betont) *kya*.

5. Interrogativpronomen.

§ 42. 1) Zweigeschlechtiges:

a) tonloses

Sgl. m. *kęl (quel)*   f. *kęl (quelle)*
Pl.   *kęl,-z (quels)*   *kęl,-z (quelles)*

b) betontes

Sgl. m. *lęḳęl (lequel)*   f. *laḳel (laquelle)*
u. s. w. wie bei relativem *lęḳęl (lequel)*.

Auch beim Interrog. unterscheiden sich (bei betontem und tonlosem Pron.) die Fem. durch ihr halblanges *ę* von den Mask. mit kurzem *ę*.

2) Kommune (mit Neutrum):

Sgl. u. Pl. Mask. u. Fem.   Neutrum.
                tonlos   betont
N. u. A. *ki (qui)*   *k(ę), k- (que)*   *kya (quoi)*
G. *dę ki*   *d(ę) kya (de quoi)*
D. *a ki*   *a kya (à quoi)*.

6. Unbestimmtes Pronomen.

§ 43. a) Nur unbestimmt:

tonlos: *ō, o-n [ō-n] (on)* und *l-ō, l-o-n [l-ō-n] (l'on)*. *L-ō* wird zu Anfang des Satzes und nach *e, u, si, ke, kya* (*et, ou, où, si, que, quoi*) gebraucht, wenn kein mit *l* anlautendes Wort folgt.

Sgl. *Mē,-t (maint)*, f. *mēt (mainte)*, Pl. m. *mē,-z (maints)*,
f. *mēt,-z (maintes)*. Die Femininformen haben langes,
die Mask. halblanges *ē*.
sęrtē, sęrtę-n (certain), f. *sęrtẹ̄n (certaine)*, Pl. m. *sęrtē,-z*
f. *sęrtẹ̄n,-z (certaines)*.
divēr,-z (divers), f. *divęrs,-(ę)z (diverses)*, nur Pl. Ebenso
diferā,-z (différents) mit halblangem, und f. *diferät,-z*
(différentes) mit langem *ā*.
tonlos und betont:
plusįǭr,-z (plusieurs).
tęl mit kurzem *ę (tel)*, f. *tęl* mit halblangem *ę (telle)*;
Pl. m. *tęl,-z (tels)*, f. *tęl,-z (telles)* mit kurzem (m.) und
halblangem *ę* (f.) wie im Sgl.
tu,-t (tout), f. *tut (toute)*, Pl. m. *tus, tu-z (tous)*, f. *tut,-z*
(toutes).
Mit Doppelform:
tonlos: *šac (chaque)* m. u. f., nur Sgl.
betont: *šacǣ, šacǭ-n [šacǣ-n] (chacun)*, f. *šaciin (chacune)*.
tonlos: *kęlc (quelque)* m. u. f., Pl. *kęlc,-z (quelques)* m. u. f.
betont: *kęlcǣ, kęlcǭ-n [kęlcǣ-n] (quelqu'un)*, f. *kęlciin (quelqu'une)*,
Pl. m. *kęlc-z-ǣ (quelques-uns)*, f. *kęlk-z-ün,-z (quelques-unes)*.
Ähnlich adj. Sgl. *kęlcōc*, Pl. *kęlcōc,-z (quelconque[s])* und
subst. *kicōc (quiconque)*, nur Sgl.
b) unbestimmt und verneinend:
betont (nur substantivisch): *pęrson (personne)*, jemand; *pęrson* ... *n(ę), n- (personne ... ne, n')* niemand; neutr.: *ręē*
(rien) irgend etwas; *ręē* ... *n(ę), n- (rien ... ne, n')* nichts.
tonlos und betont:
Sgl. m. *ocǣ, ocǭ-n [ocǣ-n] (aucun)*, f. *ociin (aucune)*, Pl. m.
ocǣ,-z (aucuns), f. *ociin-z (aucunes)* irgend welche;
ocǣ etc. ... *n(ę), n- (aucun etc.* ... *ne, n')* kein.
Sgl. m. f. *nül (nul, nulle)*, Pl. m. f. *nül,-z (nuls, nulles)*
irgend welche; *nül* ... *n(ę), n- (nul ... ne, n')* kein.
Die Maskulinformen von *nül* haben kurzes, die Femininformen halblanges *ü*.
Sgl. m. *pa-z-ǣ (pas un)*, f. *pa-z-ün (pas une)* ... *n(ę),*
n- (ne n') kein.

7. Identitätspronomen und sein Gegenteil. § 44.

Sgl. m. *lę męm (le même)*, f. *la męm (la męm)*; Pl. m. u. f.
lę męm,-z (les mêmes).
Sgl. m. u. f. *l-otr (l'autre)*, Pl. m. u. f. *lę-z-otr (les autres)*.
otrįi (autrui).

B. Verbum.

§ 45. 1.) A. An einer einfachen Verbalform des Französischen unterscheidet man Stamm und Endung.

Der Stamm der französischen Verben ist entweder unveränderlich, z. B. *parle,-r* (*parler*), *z̧(ę) parl* (*je parle*); oder veränderlich, z. B. *sme,-r* (*semer*), *žę sęm* (*je sème*). Die Endungen sind entweder für alle Verben giltig (durchgehend) oder für verschiedene Verben verschieden (wechselnd).

Durchgehende Endungen sind:
1. im Plural der Präs. Ind. ō,-z; e,-z; —,-t
2. im Präsens Konj. —; —,-z; —; i̯ō,-z; i̯e,-z; —,-t
3. im Imperf. Indik. ę,-z; ę,-z; ę,-t; i̯ō,-z; i̯e,-z; ę,-t
4. im Part. Präs. u. Gerund. ā,-t.

Für i̯ō,-z, i̯e,-z in der 1. und 2. Pl. Präs. Konj. und Impf. Indik. tritt nach Mut. + r, l : i̯ō,-z und i̯e,-z ein: *trāblii̯ō,-z* (*tremblions*), *ęfōdrie,-z* (*effondriez*) etc.

Wechselnde Endungen sind:

1. im Infin. Präs.	e,-r	ir	r', r	u̯ar
2. im Sgl. Präs. Indik.	—		-z	
	-z		-z	
	(-t)		-t	

		Kennlaut:	1) a	2) i	3) u	4) stammh. i
3a.	im histor. Perf.		e	i,-z	u,-z	-z
			a,-z	i,-z	u,-z	-z
			a,(-t)	i,-t	u,-t	-t
			ām,-z	im,-z	um,-z	=m,-z
			āt,-z	it,-z	ut,-z	=t,-z
			ęr,(-t)	ir,(-t)	ür,(-t)	=r,(-t)
3b.	im Imperf. Konj.		as	is	us	s
			as,-(ę)z	is,-(ę)z	us,-(ę)z	s,-(ę)z
			a,-t	i,-t	u,-t	-t
			asi̯ō,-z	isi̯ō,-z	usi̯ō-z	si̯ō,-z
			asi̯e,-z	isi̯e,-z	usi̯e,-z	si̯e,-z
			as,-t	is,-t	us,-t	s,-t
4.	im Part. Perf.		e	i	u oder -t,	-z.

Der Imperativ (2. Sgl. und 1., 2. Pl.) lautet wie der Indik. Präs. Nur fällt bei den Imperativen der 1. lebenden Konjugation in der 2. Sgl. das Bindungs-z fort, wenn ihr nicht die Pronominaladverbien *ā* (*en*), *i* (*y*) folgen. *Gard* (*garde*), aber *gard-z-ā (gardes-en); rẹturn (retourne),* aber *rẹturn-z-i (retournes-y).*[1])

B. Die zusammengesetzten Verbalformen enthalten den Infin. Präs. und eine Form des Hilfsverbs *avuar (avoir);* die endungsbetonten Formen ohne die Stammsilbe *av-.* Zusammengesetzt sind: § 46.

1. Das Futur des Präsens mit Präs. Indik. von *avuar:*
e; a,-z; a,(-t); ŏ,-z; e,-z; ŏ-t;
finir e; finir a,-z; finir a; finir ŏ,-z; finir e,-z; finir ŏ,-t.

2. Das Futur des Imperfekts mit dem Imperf. Indik. von *avuar:*
ẹ,-z; ẹ,-z; ẹ,-t; iŏ,-z; ie,-z; ẹ,-t;
finir ẹ,-z; finir ẹ,-z; finir ẹ,-t; finir iŏ,-z; finir ie,-z; finir ẹ,-t.

Nach Muta + *l, r* tritt auch hier in der 1. u. 2. Pl. *iŏ,-z; ie,-z* ein: *vădriŏ,-z (vendrions); pẹrdrie,-z (perdriez)* etc.

II. Die französische Verbalflexion unterscheidet: § 47.

A. lebende Konjugationen:
1. die Verben auf *e,-r (er),*
2. die inchoativen Verben auf *ir;*

B. abgestorbene Konjugationen:
1. die Verben auf *r', r (re),*
2. die reinen Verben auf *ir,*
3. die Verben auf *uar (oir).*

A. Lebende Konjugationen. § 48.

1) Die Verben auf *e,-r (er).*

1. Der Infinitiv des Präsens hat die Endung *e,-r.*
2. Der Singular des Präsens Indikativ zeigt den reinen Stamm; nur die 2. Singl. erhält im Fall von Bindung ein *-z.*
3. Das historische Perfekt hat den Kennlaut *a.*
4. Das Partizip des Perfekts hat die Endung *e.*
5. In den zusammengesetzten Zeiten (Futur. Präs. und Futur. Imperf.) verstummt das *e* des Infinitivs. Nur wenn schwer sprechbare Konsonantengruppen zusammenstossen würden, wird ein *ẹ* lautbar:
blame,-r (blâmer) : *blamre;* dagegen
ăžădre,-r (engendrer): ăžădrẹre (engendrerai).

---

[1]) Auch bei den sonstigen nicht auf Bindungs-*z* ausgehenden Imperativen *ọfr (offre)* etc., *va, saž (sache), ẹ (aie)* etc. erscheint ein solches im Imper. vor *ă (en)* und *i (y).*

Koschwitz, Formenlehre. 2

a) Formen der Gegenwart.

	Präs. Ind.	Konj.	Imper.	Inf.
Sg. 1. P.	blam	blam		blam e, -r
2. P.	blam, -z	blam, -z	blam, (-z)	
3. P.	blam, (-t)	blam		Partiz. u. Ger.
Pl. 1. P.	blam ǭ, -z	blam įǭ, -z	bam ǭ, -z	blam ā, -t
2. P.	blam e, -z	blam įe, -z	blam e, -z	
3. P.	blam, -t	blam, -t		

b) Formen der Vergangenheit.

	Imperfektum.	Histor. Perf.	Konj.	
Ind. Sgl. 1. P.	blam ę, -z	Ind. blam-e	blam as	
2. P.	blam ę, -z	blam a, -z	blam as,-(ę)z	Pc. Pf.
3. P.	blam ę, -t	blam a, (-t)	blam a, -t	blam e
Pl. 1. P.	blam įǭ, -z	blam ām, -z	blam assįǭ, -z	
2. P.	blam įe, -z	blam āt, -z	blam assįe, -z	
3. P.	blam ę, -t	blam ę̄r, (-t)	blam as, -t	

c) Formen der Zukunft.

	Fut. Präs.	Fut. Impf.
Ind. Sgl. 1. P.	blam r e	blam r ę, -z
2. P.	blam r a, -z	blam rę, -z
3. P.	blam r a, (-t)	blam r ę, -t
Pl. 1. P.	blam r ǭ, -z	blam r įǭ, -z
2. P.	blam r e, -z	blam r įe, -z
3. P.	blam r ǭ, -t	blam r ę, -t

§ 49.   Stammveränderungen.

Bei den Verben auf ɥaįe, -r (oyer) und ɥįe, -r (uyer) verstummt į, sobald die Stammsilbe in den Anlaut tritt (also in den 9 stammbetonten Formen: Präs. Ind. und Konj. 1., 2., 3. Sgl., 3. Pl. und Imper. 2. Sgl.). Bei den Verben auf eįe, -r (ayer, eyer) tritt ebenfalls Verstummung von į ein, doch kann sich į auch mit dem vorausgehenden Vokal zu den Diphthongen ei verbinden. Demnach: āplɥaįe, -r (employer), Präs. Ind. 1. Sgl. āplɥa (emploie); ęsţįe, -r (essuyer), Präs. Ind. 1. Sgl. ęsţi (essuie); pęįe (payer), Präs. Ind. 1. Sgl. pę oder pęi (paie oder paye). Auch vor dem r des Fut. Präs. und Fut. Imperf. verstummt bei den eben genannten Verben į: ęsţire (essuierai), āplɥare (emploierai), pęre (paierai); doch verwandelt es sich bei denen auf eįe (ayer, eyer) nicht selten auch in χ: pęχre (payerai) oder įχ: pęįχre.

Die Verba auf aįe, -r (ailler), eįe, -r (eiller), uįe, -r (ouiller) etc. verwandeln in den stammbetonten Formen aį, eį, uį etc. in die Diphthongen āi, ęi, ui etc., und im Fut. Präs. und Fut. Imperf. ihr į in χ oder įχ: bataįe, -r: Präs. 1. Sgl. bataį; Fut. 1. Sgl. bataįχre.

Geschlossenes e vor konsonantischem Stammauslaut in Verben wie *sede,-r* (*céder*), *proteže,-r* (*protéger*) etc. wird in ę verwandelt, sobald der konsonantische Stammauslaut an das Ende des Wortes tritt (in den stammbetonten Formen): Präs. 1. Sgl. Ind.: *sęd* (*cède*), *protęž* (*protège*) etc.

ę vor einfachem Konsonant wird, wenn der Konsonant in Wortauslaut oder vor *r* tritt (in den stammbetonten Formen, Fut. Präs. und Fut. Impf.), zu ę verwandelt: *l*(ę)*ve,-r* (*lever*): Präs. Ind. 1. Sgl. *lęv* (*lève*); Fut. 1. Sgl. *lęvre* (*lèverai*); *ž*(ę)*te,-r* (*jeter*): *žęt* (*jette*), *žętre* (*jetterai*); *s*(ę)*le,-r* (*celer*): *sęl* (*cèle*), *sęlrai* (*cèlerai*) etc. In der Umgangssprache verstummt bei mehrsilbigen Stämmen (ę) oft gegen diese Regel im Fut. Präs. und Fut. Impf.: *aš*(ę)*te,-r* (*acheter*): *aštre* (*acheterai*) etc. Regelmässig ist diese Verstummung bei *epuste,-r* (*épousseter*), *fœγte,-r* (*feuilleter*) u. e. a.

2. Inchoative Verben auf *ir*. § 50.

1) Der Infinitiv des Präsens hat die Endung *ir*.
2) Der Singular des Präsens des Indikativs hat im Bindungsfalle die Personenzeichen -z, -z, -t.
3) Das historische Perfekt hat den Kennlaut *i*.
4) Das Partizip des Perfekts hat die Endung *i*.

a) Formen der Gegenwart.

	Ind.	Konj.	Imper.	
Sgl. 1. P.	fin i,-z	fin is		Inf.
2. P.	fin i,-z	fin is,-(ę)z	fin i,-z	finir
3. P.	fin i,-t	fin is		
Pl. 1. P.	fin is ō,-z	fin is įō,-z	fin is ō,-z	Pc. u. Ger.
2. P.	fin is e,-z	fin is įe,-z	fin is e,-z	fin is ā,-t
3. P.	fin is,-t	fin is,-t		

b) Formen der Vergangenheit.

	Imperf. Ind.	Perf. Ind.	Konj.	
Sgl. 1. P.	fin is ę,-z	fin i,-z	fin is	Pc.
2. P.	fin is ę,-z	fin i,-z	fin is,-(ę)z	fin i
3. P.	fin is ę,-t	fin i,-t	fin i,-t	
Pl. 1. P.	fin is įō,-z	fin īm,-z	fin is įō,-z	
2. P.	fin is įe,-z	fin īt,-z	fin is įe,-z	
3. P.	fin is ę,-t	fin īr,(-t)	fin is,-t	

c) Formen der Zukunft.

	Fut. Präs.	Fut. Imperf.
Sgl. 1. P.	fin ir e	fin ir ę,-z
2. P.	fin ir a,-z	fin ir ę,-z
3. P.	fin ir a,(-t)	fin ir ę,-t

Pl. 1. P. *fin ir ō,-z* *fin ir i̯ō,-z*
    2. P. *fin ir e,-z* *fin ir i̯e,-z*
    3. P. *fin ir ǫ,-t* *fin ir ǫ,-t*

Die inchoativen Verben auf *ir* haben im Präs. (Indik., Konj., Imper. und Part., nicht im Inf.) und im Impf. Indik. einen um *is* resp. *i* (lat. *isc, esc*) verlängerten Stamm.

§ 51.   Verba auf *e,-r* (*er*) und Inchoativa auf *ir* mit abweichenden Formen.

I. 1) *āvyai̯e,-r* (*envoyer*), Fut. Präs.: *āvęre* (*enverrai*).
Ebenso *rāvyai̯e,-r* (*renvoyer*).

2) *ale,-r* (*aller*), Präs. Ind. Sgl. 1. P. *vę,-z* (*vais*), 2. P. *va,-z* (*vas*), 3. P. *va,(-t)*; Pl. 3. P. *vō,-t* (*vont*). — Präs. Konj. Sgl. 1. P. *āi̯* (*aille*), *āi̯,-z* (*ailles*), *āi̯* (*aille*); Pl. 3. P. *āi̯,-t* (*aillent*). — Imper. 2. Sgl. *va,(-z)*. — Fut. Präs. *ire* (*irai*) etc.

II. 1) '*air* (*haïr*). Präs. Ind. Sgl. 1. P. *hę,-z* (*hais*), 2. P. *hę,-z* (*hais*), 3. P. *hę,-t* (*hait*). Sonst regelmässig.

2) *flǫrir* (*fleurir*) blühen hat im bildlichen Sinne alte Formen mit *ǫ* in der Stammsilbe gewahrt: im Impf. Ind. *flǫrisę,-z* etc. und im Pc. Präs. *flǫrisā,-t*.

3) *benir* (*bénir*) segnen hat neben dem Pc. *beni* eine alte Nebenform mit Bindungs-*t*: m. *beni,-t*, f. *benit* (*bénit, te*) mit der Bedeutung geweiht.

§ 52.   **B. Abgestorbene Konjugationen.**

1ᵃ. Einen unveränderlichen Stamm hat nur das Verbum *curir* (*courir*).

1ᵇ. Bei den Verben mit veränderlichem Stamm stimmen folgende Formen im Stamme überein:

1. Die endungsbetonten Formen des Präsens und des Imperfekts des Indikativs.
    α) die 1. und 2. Pl. Präs. Indik. und Imper. (-ō-z; e,-z).
    β) die 1. und 2. Pl. Präs. Konj. (-i̯ō,-z; i̯e,-z).

Ausgenommen sind die Präs. Konj. von *fęr* (*faire*): *fas, fasi̯ō,-z*; von *puvyar* (*pouvoir*) : *pųis* (*pųisi̯ō,-z*); von *savyar* (*savoir*) : *saž, saži̯ō-z*, Imper. *saž, sažō-z*; von *avyar* (*avoir*) : *ę, ęi̯ō,-z*; Imper. *ę, ęi̯ō,-z*; von *ętr* (*être*) : *sya,-z, syai̯ō-z*, Imper. *sya,-z, syai̯ō-z*.

    γ) das Imperf. Indik. (*ę-z, ę-z, ę-t; i̯ō,-z; i̯e-z; ę-t*).
    δ) das Partic. Präs. und Gerund. (*ā-t*).

2. Von den stammbetonten Formen des Präsens:
    α) die 3. Pl. Präs. Ind. (—,-t),
    β) der Sgl. und die 3. Pl. Konj. (—; —,-z; —; —,-t).

Ausgenommen sind die Präs. Konj. von *vulyar* (*vouloir*): *vǫi* etc.; von *valyar* (*valoir*): *vāi*; von *falyar* (*falloir*): *fāi* und die oben zu 1 β genannten Präs. Konj.
3. Das historische Perfekt und das Imperf. Konj., die ausserdem im Kennlaut übereinstimmen (Endungen ohne Kennlaut:
-z; -z; -t; =m,-z; =t,-z; =r,(-t);
-s; s,-(ę)z; -t; siō,-z; sie,-z; s,-t.

2. Ausnahmen von den durchgehenden Endungen § 53.
(§ 45) sind:
1. im Pl. Präs. Indik.:
   1. Pl. *sǫm,-z* (*sommes*) } von *ętr* (*être*),
   2. Pl. *ęt,-z* (*êtes*)
       dit,-z (*dites*)   von *dir* (*dire*),
       fęt,-z (*faites*)   von *fęr* (*faire*),
   3. Pl. *sō,-t* (*sont*)   von *ętr* (*être*),
       ō,-t (*ont*)   von *avyar* (*avoir*),
       fō,-t (*font*)   von *fęr* (*faire*).
2. im Präs. Konj.:
   3. Sgl. *ę,-t* (*ait*) von *avyar* (*avoir*),
   1. Sgl. *sya,-z* (*sois*), 3. Sgl. *sya,-t* (*soit*) von *ętr* (*être*).

1. Die Verben auf *r', r*.

1. Der Infinitiv Präs. endet auf *r', r* (*re*).
2. Der Sgl. Präs. Ind. hat im Falle der Bindung die Personenzeichen -z, -z, -t.
3. Das histor. Perf. hat als Kennlaut
  a) *i* in der Endung:
    α) Partic. Perf. auf *ü* (*u*).
      Ausnahme: *syivi* (*suivi*).
    β) Partic. Perf. mit Bindungs-*t*.
      Ausnahmen: *nyi* (*nui*), *lyi* (*lui*).
  b) *i* als Stammvokal:
    α) Partic. Perf. auf Bindungs-*t*.
      Ausnahme: *süfi* (*suffi*).
    β) Partic. Perf. auf Bindungs-*z*.
      Ausnahme: *ri*.
  c) *ü* in der Endung: Partic. Perf. auf *ü* (*u*).
    Ausnahmen: *rezu,-z* (*résous*), f. —; *apsu,-z* (*absous*), f. *apsut* (*absoute*); *disu,-z* (*dissous*), f. *disut* (*dissoute*).
Anm. Beachte Fut. *fre* (*ferai*) zu Infin. *fęr* (*faire*). Sonst wird bei Fut. Präs. und Impf. der lange Tonvokal des Infin. mittelzeitig: *cǫnętr* (*connaître*), Fut. *cǫnętre* etc.

a) Historisches Perfekt auf *i*.

α) Part. Perf. auf *ŭ (u)*.

rŏp r (rompre). Präs. Indik. Sgl. 1. P. *rŏ,-z*, 2. P. *rŏ,-z;* 3. P. *rŏ,-t;* Pl. 1. P. *rŏp ŏ,-z*, 2. P. *rŏp e,-z*, 3. P. *rŏp,-t(ęt)*. Perf. Ind. *rŏp i,-z* etc. Part. Pf. *rŏp ŭ*. Fut. *rŏpre* etc.
Analog *vădr (vendre);* Präs. Ind. *vă,-z* etc., Pl. *vădŏ-z;* Perf. Ind. *vădi-z*, Pc. *vădŭ;* Fut. *vădre* etc.
Ebenso: *făr (fendre)*, *păd r (pendre)*, *rădr (rendre)*, *tădr (tendre)*, *defădr (défendre)*, *desădr (descendre)*, *epădr (épandre);* *fŏdr (fondre)*, *pŏdr (pondre)*, *tŏdr (tondre)*, *repŏdr (répondre)*.
Bei *vēcr (vaincre)* lautet die 3. Sgl. Präs. Ind. *vē,-c;* Pl. 1. P. *vēcŏ,-z;* Perf. *vēki,-z;* Pc. *vēcŭ;* Fut. *vēcre*.
pęrdr (perdre). Präs. *pęr,-z; pęr,-z; pęr,-t;* Pl. *pęrdŏ,-z*, etc., Pf. *pęrdi-z;* Pc. *pęrdŭ;* Fut. *pęrdre*.
Ebenso *mǫrdr (mordre)* und *tǫrdr (tordre)*.
batr (battre). Präs. Ind. Sgl. 1. P. *ba,-z;* 2. P. *ba,-z*, 3. P. *ba,-t;* Pl. 1. P. *batŏ,-z* etc.; Pf. *bati,-z;* Pc. Pf. *batŭ;* Fut. *batre*.
cudr (coudre). Präs. Ind. Sgl. *cu,-z; cu,-z; cu,-t; cuzŏ,-z, cuze,-z; cuz,-t;* Pf. *cuzi,-z;* Pc. Pf. *cuzu;* Fut. *cudre*.
sŭivr (suivre). Präs. Ind. *sŭi,-z* etc.; Pl. *sŭivŏ,-z* etc.; Perf. *sŭivi,-z;* Pc. Pf. *sŭivi;* Fut. *sŭivre*.

β) Part. Perf. auf Bindungs-*t*.

plēdr (plaindre). Präs. Ind. *plē,-z; plē,-z; plē,-t; plęñŏ,-z; plęñe,-z; plęñ,-t;* Perf. *plęñi,-z;* Part. Pf. *plē,-t;* Fut. *plēdre*.
Ebenso: *sēdr (ceindre)*, *fēdr (feindre)*, *pēdr (peindre)*, *tēdr (teindre)*, *žŭēdr (joindre)*, *ŭēdr (oindre)*, *etrēdr (étreindre)*, *cōtrēdr (contraindre)*, *astrēdr (astreindre)*, *ręstrēdr (restreindre)*, *etēdr (éteindre)*, *ăfrēdr (enfreindre)*, *atēdr (atteindre)*, *crēdr (craindre)*, *ăprēdr (empreindre)*, *eprēdr (épreindre)*, *žēdr (geindre)*.
ecrir (écrire). Präs. Ind. *ecri,-z; ecri,-z; ecri,-t; ecrivŏ,-z; ecrive,-z; ecriv,-t;* Perf. *ecrivi,-z;* Pc. Pf. *ecri,-t;* Fut. *ecrire*.
cŭir (cuire). Präs. Ind. *cŭi,-z; cŭi,-z; cŭi,-t; cŭizŏ,-z; cŭize,-z; cŭiz,-t;* Perf. *cŭizi,-z;* Part. Pf. *cŭi,-t;* Fut. *cŭire*.
Ebenso: *cŏdŭir (conduire)*, *dedŭir (déduire)*, *ădŭir (enduire)*, *ēdŭir (induire)*, *ētrǫdŭir (introduire)*, *prǫdŭir (produire)*, *redŭir (réduire)*, *sedŭir (séduire)*, *tradŭir (traduire)*, *detrŭir (détruire)*, *cōstrŭir (construire)*, *ēstrŭir (instruire)*. Auch *lŭir (luire)*, *ręlŭir (reluire)* und *nŭir (nuire)*, nur dass deren Part. Pf. keine Bindeform mit -*t* besitzt.

— 23 —

b) **Historisches Perfekt mit stammhaftem** *i.*

α) Partizip auf Bindungs-*t.*

fẹr (*faire*). Präs. Ind. *fẹ,-z; fẹ,-z; fẹ,-t; fẹzō,-z; fẹt,-z; fō,-t;*
Präs. Konj. *fas; fas,-(ẹ)z; fas; fasịō,-z; fasịe,-z; fas,-t;*
Perf. *fi,-z;* Part. *fẹ,-t;* Fut. *fre.*
cōfir (*confire*). Präs. Ind. *cōfi,-z; cōfi,-z; cōfi,-t; cōfizō,-z; cōfize,-z;*
confiz,-t; Pf. *confi,-z;* Part. *cōfi,-t;* Fut. *cōfire.*
Ebenso: *süfir* (*suffire*), nur Pc. ohne Bindungs-*t.*
dir (*dire*). Präs. Ind. *di,-z; di,-z; di,-t; dizō,-z; dit,-z; diz,-t.*
Pf. *di,-z;* Pc. *di,-t;* Fut. *dire.*
Ebenso: *rẹdir* (*redire*). Die übrigen Komposita von *dir* haben
die 2. Pl. Präs. Ind. auf -*e,-z,* z. B. *cōtrẹdir* (*contredire*):
cōtrẹdize,-z.
modir (*maudire*) hat sich den Inchoativen auf *ir* angeglichen; nur
behält es sein Pc. *modi,-t,* (*maudit*).

β) Partizip auf Bindungs-*z.*

mẹtr (*mettre*). Präs. Ind. *mẹ,-z; mẹ,-z; mẹ,-t; mẹtō,-z; mẹte,-z;*
mẹt,-(ẹ)t; Pf. *mi,-z;* Pc. *mi,-z;* Fut. *mẹtre.*
prādr (*prendre*). Präs. Ind. *prā,-z; prā,-z; prā,-t; pr(ẹ)nō,-z;*
pr(ẹ)ne,-s; prẹn,-t; Pf. *pri,-z;* Pc. *pri,-z;* Fut. *prādre.*

γ) Partizip ohne Bindungs-*z* oder -*t.*

rir (*rire*). Präs. *ri,-z; ri,-z; ri,-t; riō,-z; rie,-z; ri,-t;* Pf. *ri,-z;*
Pc. *ri;* Fut. *rire.*

c) **Historisches Perfekt auf** -*ü (u).*

α) Partizip auf *ü (u),*

mudr (*moudre*). Präs. Ind. *mu,-z; mu,-z; mu,-t; mulō,-z;*
mule,-z; mul,-t; Perf. *mulü,-z;* Part. *mulü;* Fut. *mudre.*
rezudr (*résoudre*). Präs. *resu,-z* etc.; *rezǫlvō,-z; rezǫlve,-z;*
rezǫlv,-t; Pf. *rezǫlü,-z;* Pc. *rezǫlü* und *rezou,-z,* ohne Fem.;
Fut. *rezudre.*
disudr (*dissoudre*). Präs. *disu,-z* etc.; *disǫlvō,-z* etc.; Pc. *disu,-z,*
fem. *disut* (*disolü* ist Adj.); Fut. *disudre.*
apsudr (*absoudre*). Präs. *apsu,-z* etc.; *apsolvō,-z* etc.; Pc. *apzu,-z;*
fem. *apsut* (*apsolü* Adj.); Fut. *apsudre.*
parẹtr (*paraître*). Präs. *parẹ,-z,* etc.; *parẹsō,-z; parẹse,-z;*
parẹs,-t; Pf. *parü,-z;* Pc. *parü;* Fut. *parẹtre.*
Ebenso: *pẹtr* (*paître*), *r(ẹ)pẹtr* (*repaître*), *cǫnẹtr* (*connaître*).
Aehnlich auch *cruātr* (*croître*). Präs. *crua-z* etc.; *cruasō,-z*
etc.; Pf. *crü,-z;* Pc. *crü;* Fut. *cruatre.*

cruar (croire). Präs. *crua,-z* etc.; *cruaį̃õ,-z; cruaįe,-z; crua,-t;*
Pf. *cril,-z;* Pc. *cril;* Fut. *cruare.*
buar (boire). Präs. *bua,-z,* etc.; *bilvõ,-z; bilve,-z; buav,-t;*
Pf. *bil,-z;* Pc. *bil;* Fut. *buare.*
plẹr (plaire). Präs. *plẹ,-z,* etc.; *plẹzõ,-z; plẹze,-z; plẹz,-t;* Pf.
plil,-z; Pc. *plil;* Fut. *plẹre.*
Ebenso: *tẹr (taire).*
lir (lire). Präs. *li,-z* etc.; *lizõ,-z; lize,-z; liz,-t;* Pf. *lil,-z;* Pc. *lil;*
Fut. *lire.*
cõclilr (conclure). Präs. *cõclil,-z* etc.; *cõclilõ,-z, cõclile,-z; cõclu,-t;*
Pf. *cõclil,-z;* Pc. *cõclil;* Fut. *cõclilre.*
Ebenso: *excliłr (exclure).*

d) **Historisches Perfekt mit anomaler Stammbildung.**

vivr (vivre). Präs. *vi,-z* etc.; *vivõ,-z; vive,-z; viv,-t;* Pf. *vecil,-z;*
Pc. *vecil;* Fut. *vivre.*
nẹtr (naitre). Präs. *nẹ,-z* etc.; *nẹsõ-z; nẹse,-z; nẹs,-t;* Pf. *naki,-z;*
Pc. *ne;* Fut. *nẹtre.*

e) **Verb mit verschiedenen Stämmen.**

ẹtr (être). Präs. Ind. *sili,-z; ẹ,-z; ẹ,-t; sǫm,-z; ẹt,-z; sõ,-t;*
Konj. *sua,-z; sua,-z; sua,-t; suaį̃õ-z; suaįe-z; sua,-t;*
Imper. *sua,-z; suaį̃õ,-z; suaįe-z;* Pf. *fil,-z;* Pc. Pf. *ete;*
Pc. Präs. *etã,-t;* Impf. *etẹ,-z* etc.; Fut. *sre.*

§ 54.   **2. Die reinen Verben auf *ir*.**

1. Der Infin. Präs. hat die Endung *ir.*
2. Der Sgl. Präs. Ind. hat im Bindungsfalle die Personen-
   zeichen *-z, -z, -t.*
   Ausnahmen mit —; —,-z; —,(t) sind:
   cœi (cueille), sąi (saille);
   uvr (ouvre), cuvr (couvre), ǫfr (offre), sufr (suffre).
3. Das historische Perfekt hat als Kennlaut
   a) *i* in der Endung:
      α) Pc. Pf. auf *i,*
      β) Pc. Pf. auf *ü: vẹtil (vetu),*
      γ) Pc. Pf. auf Bindungs-*t;*
   b) *i* als Stammvokal:
      α) Pc. Pf. auf *il (u),*
      β) Pc. Pf. auf Bindungs-*z;*
   c) *il* in der Endung:
      α) Pc. Pf. auf *il (u),*
      β) Pc. Pf. auf Bindungs-*t.*

— 25 —

4. Futura ohne i:
 . cǫiẏre (cueillerai), saiẏra (saillera), akęrre (acquerrai) etc., curre (courrai), murre (mourrai), vi̯ẹdre (viendrai), ti̯ẹdre (tiendrai), fodre (faudrai).

a) Historisches Perfekt auf i.

α) Partizip auf -i.

dǫrmir. Präs. dǫr,-z etc.; dǫrmō,-z; dǫrme,-z; dǫrm,-t; Perf. dǫrmi,-z; Pc. dǫrmi; Fut. dǫrmire.
sęrvir. Präs. sęr,-z etc.; sęrvō,-z; sęrve,-z; sęrv,-t; Perf. servi,-z; Pc. sęrvi; Fut. sęrvire.
[asęrvir (asservir) knechten ist inchoativ].
sătir (sentir). Präs. să,-z etc.; sătō,-z, săte,-z, săt,-(ę)t; Pf. săti,-z; Pc. săti; Fut. sătire.
Ebenso: mătir (mentir), sę rępătir (se repentir), partir, departir (départir), rępartir (rep.) [nicht repartir = rép.], sǫrtir, ręsǫrtir wieder ausgehen [nicht die inchoativen sǫrtir sortieren, asǫrtir (assortir), sǫrtir erhalten und ręsortir (ressortir sc. à un tribunal)].
fi̯ir (fuir). Präs. fi̯i,-z etc.; Pl. fi̯i̯ō,-z, fi̯i̯e,-z; fi̯i,-t; Pf. fi̯i,-z; Pc. fi̯i; Fut. fi̯ire.
bui̯ir (bouillir). Präs. bu,-z etc.; bui̯ō-z, bui̯e-z, bui̯,-t; Pf. bui̯i,-z; Pc. bui̯i; Fut. bui̯ire.
fai̯ir (faillir). Präs. (fo,-z; fo,-zi) fo,-t; (fai̯ō,-z; fai̯e,-z; fai̯,-t); Pf. fai̯i,-z; Pc. fai̯i; Fut. fai̯ire.
cǫi̯ir (cueillir). Präs. cǫi̯; cǫi̯,-z; cǫi̯,(-t); cǫi̯ō,-z; cǫi̯e,-z; cǫi̯,-t; Pf. cǫi̯i,-z; Pc. cǫi̯i; Fut. cǫi̯ẏre.
sai̯ir (saillir) vorspringen. Präs. 3. Sgl. sai̯,(-t); 3. Pl. sai̯,-t; Pf. sai̯i,-z; Pc. sai̯i; Fut. 3. Sgl. sai̯ẏra.
tręsai̯ir (tressaillir). Präs. tręsai̯,; tręsai̯,-z; tręsai̯,(-t); tręsai̯ō-z; tręsai̯e,-z; tręsai̯,-t.
Ebenso: asai̯ir (assaillir).

β) Partizip auf ü (u).

vętir (vêtir). Präs. vę,-z etc.; Pl. vętō-z, vęte,-z, vęt,-(ę)t. Pf. vęti,-z; Pc. vętü; Fut. vętire.

γ) Partizip auf zumeist auch im Bindungsfalle verstummtes t.

uvrir (ouvrir). Präs. uvr; uvr,-z; uvr,(-t); uvrō,-z, uvre,-z, uvr,-t; Pf. uvri,-z; Pc. uvęr,(-t).
Ebenso: cuvrir (couvrir), decuvrir (découvrir), ǫfrir (offrir) (Präs. ǫfr etc.; ǫfrō,-z; Pc. ǫfer,[-t]), sufrir (souffrir).

b) **Historisches Perfekt mit stammhaftem** *i*.
  a) Partizip auf *ū (u)*.

v(ę)nir (venir). Präs. *vįē,-z; vįē̄,-z; vįē,-t; vnō,-z; vne,-z; vįęn,-t;*
Perf. *vē,-z; vē,-z; vē,-t; vēm,-z; vēt,-z; vēr,(-t);* Pc. *vnū;*
Fut. *vįēdre.*
Ebenso: *t(ę)nir (tenir).*

  β) Partizip auf Bindungs-*z*.

akerir (acquérir). Präs. *akįę̄r,-z; akįę̄r,-z; akįę̄r,-t; akerō,-z,
akere,-z, akįę̄r,(-t);* Pf. *aki,-z;* Pc. *aki,-z;* Fut. *akęrre.*
Ebenso: *cōkerir (conquérir), s-akerir (s'enquérir), rękerir (requérir).*

c) **Historisches Perfekt auf** *ū (u)*.
  a) Partizip auf *ū (u)*.

curir (courir). Präs. *cur,-z; cur,-z; cur,-t; curō,-z, cure,-z,
cur,-t;* Pf. *curū-z;* Pc. *curū;* Fut. *curre.*

  β) Partizip auf meist verstummtes Bindungs-*t*.

murir (mourir). Präs. *mǫr,-z; mǫr,-z; mǫr,(-t); murō-z; mure,-z;
mǫr,(-t);* Pf. *murū,-z;* Pc. *mǫr,(-t);* Fut. *murre.*

§ 55.   3. **Die Verben auf** *yar (oir)*.

1. Der Infin. Präs. hat die Endung *yar (oir).*
2. Der Sing. Präs. Indik. hat im Bindungsfalle die Personen-
   zeichen *-z, -z, -t.*
      Ausnahmen: 1. Sgl. *e (ai)*
                 3. Sgl. *a,(-t).*
3. Das histor. Perf. hat als Kennlaut
   a) *ū* in der Endung, Pc. Perf. auf *ū (u).*
   b) *ū* als Stammvokal,
      α) Pc. Pf. auf *ū (u),*
      β) Pc. Pf. auf Bindungs-*z*.
4. Das Futur hat kein *ya*, z. B. *ręsvyar (recevoir) : ręsvre
   (recevrai).*
      Ausgenommen sind folgende Komposita:
      *purvyare (pourvoirai), prevyare (prévoirai);
      sūrsyare (surseoirai), asyare (asseoirai)* neben
      asįere (assiérai) und *asęrai (asęiχre; asseyęrai).*
   Anm. Zu beachten sind die Fut.:
      *sore (saurai), ore (aurai);
      pure (pourrai), dekęre (décherrai), ekęre (écherrai),
      vęre (verrai);
      vodre (vaudrai), fodra (faudra), rudre (voudrai).*

a) Perfekt auf ii (u), Partizip auf ü (u).

valyar (valoir). Präs. Ind. vo,-z; vo,-z; vo,-t; valō,-z; vale,-z, val,-t; Konj. vai̯, vai̯,-z, vai̯; vali̯ō-z; vali̯e,-z; vai̯,-t; Pf. valii,-z; Pc. valii; Fut. vodre.
Ebenso: prevalyar (prévaloir), nur Präs. Konj. preval etc.
fallyar. Präs. Ind. 3. Sgl. fo,-t; Konj. 3. Sgl. fai̯; Pf. 3. Sgl. falii,-t; Pc. falli; Fut. 3. Sgl. fodra,(-t).
vulyar. Präs. Ind. vœ,-z; vœ,-z; vœ,-t; vulō,-z; vule,-z; væl,-t; Konj. væi̯; væi̯,-z; væi̯; vuli̯ō,-z; vuli̯e,-z; væi̯,-t; Imper. 2. Sgl. vœ und væi̯; Pl. vulō,-z; vule,-z und væi̯e,-z; Pf. vulii,-z; Pc. vulii; Fut. vudre.
rę̨svyar (recevoir). Präs. rę̨sya,-z; rę̨sya,-z; rę̨sya,-t; rę̨svō,-z; rę̨sve,-z; rę̨syav,-t; Pf. rę̨sii,-z; Pc. rę̨sii; Fut. rę̨svre.
Ebenso: cōsvyar (concevoir), desvyar (décevoir), pę̨rsvyar (percevoir), apę̨rsvyar (apercevoir).
dę̨vyar (devoir). Präs. dya,-z etc.; dvō-z; dve,-z; dyav,-t; Pf. dii,-z; Pc. dii; Fut. dę̨vre.
savyar (savoir). Präs. Ind. se,-z; se,-z; se,-t; savō,-z; save,-z; sav,-t; Konj. saš etc.; saši̯ō-z; saši̯e-z; saš,-t; Imper. saš; sašō,-z; saše,-z; Pc. Präs. Ger. sašā,-t; Pf. sii,-z; Pc. Pf. sii; Fut. sore.
avyar (avoir). Präs. Ind. e; a,-z; a,(-t); avō,-z; ave,-z; ō,-t; Konj. ę̨; ę̨,-z; ę̨,-t; ę̨i̯ō,-z; ę̨i̯e,-z; ę̨,-t; Imper. ę̨; ę̨i̯ō,-z; ę̨i̯e,-z; Pc. Präs. ę̨i̯ā,-t; Pf. ii,-z; Pc. ii; Fut. ore.
plœvyar (pleuvoir). Präs. Ind. 3. Sgl. plœ,-t; (3. Pl. plœv,-t); (Pc. Präs. plœvā,-t); Pf. 3. Sgl. plii,-t; Pc. plii; Fut. 3. Sgl. plœvra,(-t).
muvyar (mouvoir). Präs. mœ,-z etc.; muvō,-z; muve,-z; mœv,-t; Pf. mii,-z; Pc. mii; Fut. muvre.
puvyar (pouvoir). Präs. Ind. Sgl. 1. pœ,-z oder pii̯i,-z; 2. P. pœ,-z etc.; puvō,-z; puve,-z; pœv,-t; Konj. pii̯is, pii̯is,-(ę̨)z; pii̯is,(-t); pii̯isi̯ō-z, pii̯isi̯e,-z; pii̯is,-t; Pf. pii,-z; Pc. pii; Fut. pure.
dešyar (déchoir). Präs. dešya,-z etc.; dešyai̯ō-z; dešyai̯e,-z; dešya,-t; Pf. dešii,-z; Pc. dešii; Fut. dešę̨re.
ešyar (échoir). Präs. Ind. 3. Sgl. ešua,-t und ešę̨-t; 3. Pl. ešya,-t und eše,-t; Konj. 3. Sgl. ešya, 3. Pl. ešya,-t; Pc. Präs. ešeā,-t; Pf. 3. Sgl. ešii,-t; Pc. ešii; Fut. 3. Sgl. ešę̨ra.

b) Starkes Perfekt auf i.

α) Partizip auf ū (u).

vyar (voir). Präs. vya,-z etc.; vyai̯ō-z; vyai̯e,-z; vya,-t; Pf. vi,-z; Pc. vii; Fut. vę̨re.

Ebenso die Komposita. Nur hat *prevyar* (*prévoir*) Fut. *prevyare* und *purvyar* (*pourvoir*): Pf. *purvii,-z*; Fut. *purvyare*.

β) Partizip auf Bindungs-*z*.

asyar (*asseoir*). Präs. Ind. I. *asie,-z* etc.; Pl. *aseiŏ-z, aseie-z, asei,-t*; II. *asya,-z* etc.; *asyaiŏ-z, asyaie-z*; *asya,-t*; entsprechend 2 Imper. und 2 Konj.: I. *asei, asei,-z, asei* etc. und II. *asya*; *asya,-z*; *asya* etc.; Pf. *asi,-z*; Fut. I. *asiere*, II. *asyare*, III. *asere, aseiyre*.
sürsyar (*sursoir*). Präs. *sürsya,-z* etc., *sürsyaiŏ-z* etc.; Pf. *sürsi,-z*; Pc. *sürsi,-z*; Fut. *sürsyare*.

§ 56.   **Defektive Verben.**

Perfekt und Imperf. Konj. fehlen.

frir (*frire*). Präs. Ind. *fri,-z; fri,-z; fri,-t*; Imper. *fri,-z*; Pc. Pf. *fri,-t*; Fut. *frire*.
brẹr (*braire*). Präs. 3. Sgl. u. Pl. *brẹ,-t*; (Pc. *brẹ,-t*); Fut. 3. Sgl. *brẹra*; 3. Pl. *brẹrŏ,-t*.
briiir (*bruire*). Präs. 3. Sgl. *briii,-t*; Pc. Präs. *briiiä-t* (Adj.); Impf. 3. Sgl. u. Pl. *briiisẹ,-t*; (Pc. Pf. *briii,-t*); Fut. 3. Sgl. *briiira*; 3. Pl. *briiirŏ,-t*.
clọr (*clore*). Präs. Ind. Sgl. *clo,-z* etc.; Imper. *clo,-z*; Konj. *cloz* etc.; Pc. *clo,-z*; Fut. *clọre*.
eclọr (unpers.). Präs. Ind. 3. Sgl. *eclo,-t*; 3. Pl. *ecloz,-t*; Konj. 3. Sgl. *ecloz*; 3. Pl. *ecloz,-t*; Pc. *eclo,-z*; Fut. 3. Sgl. *eclọra*; 3. Pl. *eclọrŏ,-t*.
trẹr (*traire*). Präs. Ind. *trẹ,-z* etc.; *trẹiŏ,-z, trẹie,-z; trẹ,-t*; Konj. *trẹ* etc.; *trẹiiŏ,-z* etc.; Imper. *trẹ,-z*; *trẹiŏ-z, trẹie-z*; Pc. Präs. *trẹiä,-t*; Impf. *trẹie,-z* etc.; Pc. Pf. *trẹ,-t*; Fut. *trẹre*.
[*žezir* (*gésir*)]. Präs. 3. Sgl. *ži,-t*; Pl. *žisŏ,-z; žise-z; žis,-t*; Pc. Präs. *žisä,-t*; Impf. *žisẹ,-z* etc.
[*syar* (*seoir*)]. Präs. Ind. 3. Sgl. u. Pl. *sie,-t*; Konj. 3. Sgl. *sie*; 3. Pl. *sie,-t*; Pc. Pf. *seä,-t* u. *seiä*]; Impf. 3. Sgl. u. Pl. *seiẹ,-t*; Pc. Pf. *si,-z*; Fut. 3. Sgl. *siera*; 3. Pl. *sierŏ,-t*.

Noch weniger Überreste haben bewahrt:

uir (*ouïr*). Pc. Pf. *ui*.
syar (*choir*). Pc. Pf. *šü*.
depurvyar (*dépourvoir*). Pc. Pf. *depurvii*.
[*isir* (*issir*)]. Pc. Pf. *isü*.
[*tistr* (*tistre*)]. Pc. Pf. *tissü*.
ferir (*férir*). Pc. *ferü* (Adj.).
krir (*querir*) und *kerir* (*quérir*). Nur Inf.

ręcliir (reclure). Pc. Pf. ręclii,-z.
acryar (accroire). Inf. (fęr a., faire a.).
aparyar (apparoir). Präs. 3. Sgl. apęr,-t (Gerichtsstil).
šalyar (chaloir). Präs. 3. Sgl. šo,-t.
sulyar (souloir). Impf. 3. Sgl. sulę,-t.
surdr (sourdre). Prf. 3. Sgl. sur,-t.

Umschriebene Formen. § 57.

Aktivum.

Die umschriebenen Formen des Aktivs werden gebildet mit Hilfe von Formen von avyar (avoir) oder ętr und dem Pc. Pf. In dieser Weise werden gebildet:
das log. Perf. (Ind., Konj., Inf., Pc.) mit dem Präsens und Pc.
ž-e blame (j'ai blâmé); ž-ę blame (j'aie blâmé); avyar blame (avoir blâmé) und ęįā blame (ayant blâmé).
das Plqpf. I (Ind.) mit Impf. und Pc.
ž-avę blame (j'avais blâmé).
das Plqpf. II (Ind.) mit Pf. und Pc.
ž-ii blame (j'eus blâmé).
das Plqpf. Konj. mit Impf. Konj. und Pc.
ž-iis blame (j'eusse blâmé).
das Perfekt des Futurs (Fut. II) mit einfachem Fut. und Pc.
ž-ore blame (j'aurai blâmé).
das Fut. des Plqpf. mit dem Fut. des Impf. und Pc.
ž-orę blame (j'aurais blâmé).

Mit avyar (avoir) werden umschrieben 1) alle tran- § 58. sitiven Verben, 2) die Mehrzahl der intransitiven, insbesondere auch ętr.

Mit ętr werden umschrieben 1) alle reflexiven Verben, 2) folgende Intransitiva: ale,-r (aller); vnir (venir); dę-, rę-, par-, prǫ-, sür-, ēter-vnir (de-, ré-, par-, pro-, sur-, inter-venir); ręturne,-r (retourner); arive,-r (arriver); ātre,-r (entrer); partir; sǫrtir (sortir); tōbe,-r (tomber); — eclǫr (éclore); nętr (naître); desede,-r (décéder); murir (mourir).

Mit avyar und ętr werden umschrieben 1) die intransitiven Verben: aparętr (apparaître), dešyar (déchoir), mōte,-r (monter), pase,-r (passer), meist mit ętr; — abǫrde,-r (aborder), ešye,-r (échouer), grādir (grandir), vięįir (vieillir), disparętr (disparaître), cryatr (croître), decryatr (décroître), debǫrde,-r (déborder), āpire,-r (empirer), meist mit avyar; — dęsādr (descendre), avāse,-r (avancer), deženere,-r (degénérer), šāže,-r (changer), ābęlir (embellir) u. a.

Soll nur die Handlung, der Vorgang berichtet werden, so

wird *avɥar* zur Umschreibung genommen; wird zugleich das Ergebnis des Vorganges ins Auge gefasst, dann dient *ętr* zur Umschreibung: *lę flǫv ę debǫrde* (*le fleuve est débordé*) der Fluss ist ausgetreten, die Überschwemmung dauert noch fort, *lę flǫv a debǫrde* (*le fleuve a débordé*) der Fluss ist ausgetreten, ob die Überschwemmung noch andauert, bleibt dahingestellt.

2) mit verschiedener Bedeutung:

a) mit *avɥar*	b) mit *ętr*
dęmǫre,-r (*demeurer*) wohnen	bleiben
ešape,-r (*échapper*) entgehen	entschlüpfen
cōvnir (*convenir*) passen	übereinkommen
rępartir (*partir*) erwidern	wieder abreisen
ęxpire,-r (*expirer*) sterben	ablaufen.

§ 59. Passivum.

Das Passivum wird mit *ętr* (*être*) umschrieben. Jede Form des Passivums besteht aus der entsprechenden Form von *ętr* und dem Pc. Perf. des Verbums. Also:

Präs. Ind. *žę sɥi blame* (*je suis blâmé*); Konj. *žę sɥa blame* (*je sois blâmé*); Imper. *sɥa blame* (*sois blâmé*); Inf. *ętr blame* (*être blâmé*); Pc. *etā blame* (*étant blâmé*).

Impf. *ž-etę blame* (*j'étais blâmé*),
Perf. *žę fü blame* (*je fus blâmé*), } Konj. *žę füs blame* (*je fusse blâmé*).

Fut. Präs. *žę sre blame* (*je serai blâmé*); Fut. Impf. *že sręblame* (*je serais blâmé*).

Perf. log. Ind. *ž-e ete blame* (*j'ai été blâmé*); Konj. *ž-ę ete blame* (*j'aie été blâmé*); Inf. *avɥar ete blame* (*avoir été blâmé*); Pc. *ęi̯ā-t-ete blame* (*ayant été blâmé*).

Plqpf. I. *ž-avę-z-ete blame* (*j'avais été blâme*).

Plqpf. II. Ind. *ž-ü-z-ete blame* (*j'eus été blâmé*); Konj. *ž-üs ete blame* (*j'eusse été blâmé*).

Perf. Fut. (Fut. II.) *ž-ore ete blame* (*j'aurai été blâmé*).

Fut. Plqpf. *ž-orę-z-ete blame* (*j'aurais été blâmé*).

§ 60. Paradigma der reflexiven Verben.

Präs. Ind. *žę m režɥi,-z* (*je me réjouis*)   Konj. *že m režɥis* (*je me réjouisse*)

tü t režɥi,-z (*tu te réjouis*)	*tu t režɥis*
il s režɥi,-t (*il se réjouit*)	*il s režɥis*
nu nu režɥisō,-z (*nous nous réjouissons*)	*nu nu režɥisō,-z*
vu vu režɥise,-z (*vous vous réjouissez*)	*vu vu režɥiśe,-z*
il s režɥis,-t (*il se réjouissent*)	*il s režɥis,-t*.

Imper. režui-tuá
režuisŏ-nú   Inf. m, t, s,   } režuir.   Pc. m, t, s } režuisā.
režuise-vú   nu, vu   nu, vu
Imperf. žę m režuisę,-z } Konj. žę m režuis.
Pf.   žę m režui,-z
Fut. Präs. žę m režuire   Fut. Impf. žę m režuirę,-z
Pf. log. Ind. žę m siļi   Konj. žę m sua
      tu t-ę   tu t sua
      il s-ę   } režui.   il sę sua   } režui.
      nu nu sǫm   nu nu suaiŏ
      vu vu-z-ęt   vu vu suaię
      il sę sŏ   il sę sua

Inf. m-, t-, s-, nu-z-, vu-z-ętr režui. Pc. m- etc. etā režui.
Plqpf. I. ž m-etę režui } Konj. žę m füs režui.
Plqpf. II. žę m fü režui
Pf. des Fut. žę m sre režui
Fut. des Impf. žę m srę režui.
Verneinter Imperativ:
    nę t režui pá,-z
    nę nu režuisŏ pá,-z
    nę vu režuise pá,-z.

Das Verb in Frageform.   § 61.

Das Subjekts-Pronomen wird in der Frage dem Verbum, bei umschriebenen Formen dem ersten verbalen Gliede nachgestellt, und erhält den Ton, mit Ausnahme der Enklitika žę (je) und sę (ce).
Im Besonderen ist zu bemerken:
1) ž(ę) (je) und s(ę) (ce) veranlassen in der 1. Sgl. Präs. Ind. der Verben auf e,-r und in den 1. Sgl. Konj. puis (puisse), iis (eusse), füs (fusse), düs (dusse) die Einschiebung eines betonten e:
    blame-ž (blâmé-je) für blam-ž(ę) (blâme-je), ęme-ž (aimé-je) für ęm-ž (aime-je); ebenso: pụise-ž, üse-ž, füse-ž, düse-ž.
2) Tritt bei Verben der übrigen Konjugationen eine einsilbige Form vor ž(ę) (je), so tritt gewöhnlich Umschreibung ein:
    ę-s kę ž dǫr (est-ce que je dors) für dǫr-ž (dors-je).
    Ausgenommen sind: e-ž (ai-je), stji-ž (suis-je), vę-ž (vais-je), fę-ž (fais-je), vua-ž (vois-je), dua-ž (dois-je), di-ž (dis-je), pụi-ž (puis-je) [nicht pœ-ž (peux-je)].
3) Bindungs-t tritt vor il, el, ŏ (il, elle, on) ein nach der 3. Sgl.

Präs. Ind. der Verben der 1. lebenden Konjug., nach der 3. Sgl. Konj. der übrigen Verben und nach allen Verbalformen, die auf Vokal ausgehen, auch wo für gewöhnlich ein Bindungs-*t* nicht vorhanden ist.[1])

4) Vor *ā* (*en*) und *i* (*y*) nimmt die 2. Sgl. des Imper. ein (Bindungs) -*z* an, auch wo für gewöhnlich ein solches nicht vorhanden ist:

don-z-ē (*donnes-en*), *port-z-i* (*portes-y*), *ę-z-ā* (*aies-en*), *va-z-i* (*vas-y*).

§ 62.   Das Verb mit der Negation.

1.

žę n blam pa,	*nę blamā pa-z,*	*nę pa blame,-r*
nę blame-ž pa?		
ž n-e pa blame,	*n-ęiā pa blame,*	*nę pa-z-avyar blame,*
n-e-ž pa blame?		
žę n-sįi pa blame,	*n-etā pa blame,*	*nę pa-z-ętr blame,*
nę sįi-ž pa blame?		
ž n-e pa-z-ete blame,	*n-ęiā pa-z-ete blame,*	*nę pa-z-avyar ete blame.*
n-e-ž pa-z-ete blame?		

2.

ž nę m režyi pa	*nę m režyisā pa,*	*nę pa m režyir,*
nę m režyi-ž pa?		
ž nę m sįi pa režyi	*nę m-etā pa režyi,*	*nę pa m-ętr režyi.*
nę m sįi-ž pa režyi?		

Die Negation *n*(*ę*) steht vor dem Verb (in umschriebenen Zeiten vor dem Hilfsverb) und dem pronominalen Objekte desselben; das Füllwort der Negation (*pa-z* [*pas*], *pyē* [*point*], *gęr* [*guère*], *žamę,-z* [*jamais*]) nach dem Verb (Hilfsverb) und dessen pronominalem Subjekt, jedoch gewöhnlich vor dem Infinitiv.

II.

Inflexible Wortarten.

§ 63.   **Adverbium.**

Die Adverbien werden, soweit sie nicht direkt aus der Grundsprache herübergenommen sind, von Adjektiven gebildet, durch Ansetzung der Endung *mā,-t* (*ment*, lat. *mente*), die,

---

[1]) Dieses nur in Frageform eintretende -*t* wurde, wie jedes fakultative Bindungs-*t*, oben mit (*-t*) bezeichnet, zum Unterschiede von dem gewöhnlichen Bindungs-*t*.

wo eine besondere Femininform vorhanden ist, an diese antritt. Lange Tonsilben werden dabei vor *mă,-t* halblang.

1) Adverbien von Adjektiven einer Endung: *povr'mā* (*pauvrement*) von *povr*; *fasilmā* (*facilement*) von *fasil*; *asidümā* (*assidûment*) von *asidü*; *crümā* (*crûment*) von *crü*; *gemā* (*gaiment*) von *gę*; *vręmā* (*vraiment*) von *vrę*; *ęsemā* (*aisément*) von *ęse*; *żǫlimā* (*joliment*) von *żǫli*; *püblicmā* (*publiquement*) von *püblic*; *fįęrmā* (*fièrement*) von *fįęr*; *amęrnā* (*amèrement*) von *amęr* etc.

Ausnahmen bilden scheinbar a) folgende Adverbien, in denen vor *mă* ein *e* eintritt: *avæglemā* (*aveuglément*) zu *avægl*; *ǫpinįatremā* (*opiniatrément*) zu *ǫpinįatr*; *cǫmǫdemā* (*commodément*) zu *cǫmǫd*; *ēcǫmǫdemā* (*incommodément*) zu *ēcǫmǫd*; *cōfǫrmemā* (*conformément*) zu *cōfǫrm*; *üniformemā* (*uniformément*) zu *üniform*; *enǫrmemā* (*énormément*) zu *enǫrm*; *imāsemā* (*immensément*) zu *imās*; *ǫpscürremā* (*obsurément*) zu *ǫpscür*. — b) *ēpünemā* (*impunément*) zu *ēpüni*.

Avæglemā, ǫpinįatremā, cōfǫrmemā sind von alten Partizipien *avægle* etc. gebildet; *üniformemā* und *enǫrmemā* richteten sich nach *cōfǫrmemā*; *cǫmǫdemā* und *imāsemā* beruhen auf Analogie zu ehemaligem *acǫmǫdemā* (Adv. zu Pc. *acǫmǫde*) und zu *sāsemā* (*censément, sensément*; Adv. zu *sāse* = *censé, sensé*). *ēpünemā* ist eine Ableitung von dem lat. Adv. *impune*, gespr. *ēpilne*; *ǫpscürremā* kann einem veralteten Pc. *ǫpscüre* (*obscuré*) oder dem lat. (*ǫpscüre* gesprochenem) Adv. *obscure* entstammen.

2) Von Adjektiven zweier Endungen: *basmā* (*bassement*) von fem. *bas* (mask. *ba*); *discrętmā* (*discrètement*) von f. *discręt* (m. *discrę*), *sǫtmā* (*sottement*) von f. *sǫt* (m. *so*); *cürįæzmā* (*curieusement*) von f. *cürįæz* (m. *cürįæ*); *sęšmā* (*sèchement*) von f. *sęš* (m. *sęc*) etc.

Ausnahmen bilden die Adjektiva auf *-ă*, bei denen die Adverbien von einer alten Femininform abgeleitet werden, die dem Maskulinum gleich lautete. Aus altem fem. *cōstā* (*constant*) entstand zunächst *cōstāmā* (*constan[t]ment*) und daraus *cōstamā* (*constamment*). Ebenso *prüdamā* (*prudemment*) von *prüdā*; *galamā* (*galamment*) von *galā*, etc. Auch *žāti* (*gentil*), fem. *žāti* und *žātiį*, bildet sein Adv. von einem alten fem. *žāti*: *žātimā* (*gentiment*).

Nach der allgemeinen Regel gehen dagegen wieder: *prezātmā* (*présentement*), *veemātmā* (*véhémentement*) von den neugebildeten Fem. *prezāt* (m. *prezā*) und *veemāt* (m. *veemā*), und *lātmā* (*lentement*) von f. *lāt* (m. *lā*), welches auch in alter Zeit regelmässig *lāt* (*lente*) lautete.

Scheinbare Ausnahmen sind *cǫmünemā* (*communément*) zu f. *cǫmün* (m. *cǫmǟ*) aus altem *cǫmünelmā* (*comunelment*);

ēpǫrtünemā (*importunément*) zu f. ēpǫrtün (m. ēpǫrtǟ) von veraltetem Pc. ēpǫrtüne (*importuné*); ęxpręsemā (*expressément*) zu f. ęxpręs (m. ęxprę) von veraltetem Pc. ęxpręse (*expressé*); presizemā (*précisément*) zu f. presiz (m. presi) von Pc. presize (*précisé*); cōfüzemā (*confusément*), difüzemā (*diffusément*), profüzemā (*profusément*), prǫfōdemā (*profondément*) zu f. cōfüz, difüz, prǫfüz, prǫfōd (m. cōfü etc., prǫfō) gelehrt von den lat. (*cōfüze, difüze, prǫfüze, prǫfōde* gesprochenen) Adv. *confuse, diffuse, profuse, profunde* gebildet.

§ 64. Altertümliche Adverbien sind bįē (*bien*), mal, lŭē (*loin*), tar (*tard*), vǫlōtįe (*volontiers*), fǫr,-t (*fort*), trę,-z (*très*) u. a.

§ 65. Eine organische Komparation findet sich nur zu den Adverbien:

Kompar. bįē (*bien*)   mįœ,-z (*mieux*)
mal   pi,-z (*pis*)
bocu (*beaucoup*)   plü,-z (*plus*)
pœ (*peu*)   mŭē,-z (*moins*).

Sonst werden die Komparative der Adverbien wie die der Adjektiva mittels plü,-z und die Superlative durch Vorsetzung des bestimmten Artikels vor den Komparativ umschrieben:

fasilmā (*facilement*), Kompar. plü fasilmā, Sup. lę plü fasilmā
mįœ (*mieux*)   lę mįœ
pi,-z (*pis*)   lę pi,-z etc.